JN218233

WIZARD

「恐怖で買って、強欲で売る」

Buy the Fear,

Sell the Greed

7 Behavioral
Quant
Strategies
for Traders

by Laurence A. Connors

短期売買法

人間の心理に基づいた
永遠に機能する戦略

ローレンス・A・コナーズ[著]

長岡半太郎[監修]

山口雅裕[訳]

Pan Rolling

監修者まえがき

本書はローレンス・A・コナーズが著した"Buy the Fear, Sell the Greed : 7 Behavioral Quant Strategies for Traders"の邦訳である。コナーズの著書の翻訳書としては、すでに『**魔術師リンダ・ラリーの短期売買入門**』『**コナーズの短期売買入門**』『**コナーズの短期売買実践**』『**コナーズの短期売買戦略**』『**高勝率システムの考え方と作り方と検証**』『**コナーズRSI入門**』（いずれもパンローリング）があり、本書で7冊目ということになる。

定量的なデータを用いて市場の未来を説明しようとする戦略は20世紀の終わりごろから盛んになった。この方法は、データの取得に努力を要し、同じ方法を取る人間が限られているうちは大変うまく機能してきた。他人が持っていないデータを持ってさえいれば、また効率的な執行ができる立場にいれば、労せずして簡単に収益を上げられる時期が確かにあったのである。だが、現在ではこういったアプローチを取り巻く状況は一変している。データはだれでも安価に手に入るようになり、複雑な戦略の実行は極めて容易になった。定量的なアプローチでもって市場を攻略しようとする人は飛躍的に増えたのである。

これに伴い、それまで大変良好なパフォーマンスを示してきた戦略の優位性が、時間の経過とともに手のひらの上の淡雪のごとく消えていくのを私は数多く見てきた。今日では、定量的分析においてデータを多く集めただけでは、また複雑なモデルにそれを学習させようとするだけでは、その多くは、せいぜい過去の見かけ上のバックテスト結果を良くすることができるにすぎず、将来の再現性はおぼつかなくなってきているのである。もはや、どんなニッチなアノマリーであれ、遠からずそれが人口に膾炙することを前提に話を進めざるを得ない時代に私たちは生きている。

だが、こうした環境下にあっても、いつまでも消えずに残るバイア

スもわずかながら存在する。市場参加者の恐怖と強欲に起因するものはその代表的なもののひとつである。本書はこうしたバイアスを利用してトレードする具体的な方法を詳細に解説している。著者が本文中で繰り返し述べているように、ここでのエッジは市場参加者が人間であるかぎり、永遠に消えることはない。今後は、こうした時系列データを用いた定量的なトレード戦略の関心は、市場参加者の心理的弱点に基づくものや市場の制度的な要因に基づくもの（どちらも容易には消し難いバイアスをもたらす）に焦点が移っていくのではないだろうか。

　なお、本書では最近の相場書にふさわしく、アウトライトの資産だけではなく、オプションを利用してより機能的なトレードポジションを構成する方法がそこかしこに紹介されている。オプション取引にかかわる環境変化はまだ進行中であり、オプションを使いこなせることは、いまだ計り知れない優位性をその投資家にもたらす。この分野にはまだ多くの宝が眠っている。詳しく学びたい方は、本書と合わせ、**『先物市場の高勝率トレード――市場分析、戦略立案、リスク管理に関する包括的ガイドブック』**（パンローリング）などをぜひ参照されたい。

　最後に、翻訳にあたっては以下の方々に感謝の意を表したい。山口雅裕氏はこれまでの訳書に引き続き正確な翻訳を行っていただいた。そして阿部達郎氏には丁寧な編集・校正を行っていただいた。また、本書が発行される機会を得たのは、パンローリング社の後藤康徳社長のおかげである。

　2019年6月

長岡半太郎

免責事項

コナーズ・グループ、コナーズ・リサーチおよびローレンス・A・コナーズ（以降、「当社」と称する）は投資助言業者でも登録投資顧問業者でも証券取次業者でもなく、顧客がどの証券や通貨を売買すべきかを指示したり提案したりすることは意図していません。当社に属するアナリスト、従業員または関連会社は、本書で述べる株式や通貨または業界のポジションを取っている可能性があります。証券や通貨のトレードには非常に大きなリスクがあります。当社、著者、出版者および全関連会社は、読者のトレードや投資の結果について、いかなる責任も負いません。当社のウェブサイトや出版物における事実の記述は発表当時になされたものであり、予告なく変更されることがあります。

本書に掲載した手法やテクニック、指標によって利益が得られるとも、損失が生じるとも考えるべきではありません。当社出版物に掲載された個々のトレーダーやトレードシステムの過去の結果は、そのトレーダーやシステムの将来のリターンを示唆するものでも、読者が将来に得られるリターンを示唆するものでもありません。さらに、当社製品の指標、戦略、コラム、記事、その他すべての特徴（以降、「情報」と称する）は、情報提供および教育のみを目的としたものであり、投資アドバイスと解釈すべきではありません。当社のウェブサイトで取り上げた例は、教育だけを目的にしたものです。それらのセットアップは売買の勧誘ではありません。したがって、それらの情報だけに頼って投資をするべきではありません。むしろ、さらに自分でリサーチをして、投資に関する相場観を作るための出発点としてのみ利用すべきです。読者は常に公認のファイナンシャルアドバイザーや税務顧問に確認をして、投資にふさわしいかどうかを判断すべきです。

仮想上あるいはシミュレーションされたパフォーマンスの結果には固有の限界があります。シミュレーションによる結果は実際のパフォーマンスとは異なり、実際のトレードを表すものではなく、証券会社等のスリッページの影響が反映されていない場合もあります。また、トレードは実際に執行されていないため、その結果は流動性の不足のような市場の影響を十分に取り除いていないか、過度に取り除いている可能性があります。さらに、シミュレーション用のトレードプログラムは一般に、過去のトレード結果を利用して設計されています。いかなる口座でも、示されていることと同様の利益または損失を生じる可能性が高いという表明をするものではありません。

ニュージャージー州ジャージーシティー　スイート2500　ハドソン・ストリート185

コナーズ・グループ社
コナーズ・リサーチ社

CONTENTS
目次

監修者まえがき　　　　　　　　　　　　　　　　　　1

免責事項　　　　　　　　　　　　　　　　　　　　　3

謝辞　　　　　　　　　　　　　　　　　　　　　　　9

第 1 章　恐怖と強欲と相場　　　　　　　　　　　　11

第 2 章　RSIパワーゾーン戦略　　　　　　　　　　31

第 3 章　クラッシュ戦略　　　　　　　　　　　　　49

第 4 章　ボラティリティのトレード　　　　　　　　71

第 5 章　ボラティリティパニック戦略　　　　　　　85

第 6 章　VXXのトレンド戦略　　　　　　　　　　101

第 7 章　新高値を利用したトレード　　　　　　　115

第 8 章　TPS戦略──恐怖と強欲の高まり　　　　127

第 9 章　恐怖から生じるギャップ　　　　　　　　149

第10章　市場で恐怖が高まったときに買い、強欲が
　　　　　増したときに売る　　　　　　　　　　　159

付録1 リスクに比べて大きな利益を得るための優れたトレードの
構成（コナーズ・リサーチ・トレーダーズ・ジャーナル
第7巻） 173

付録2 損切りの逆指値を置くと、今でもパフォーマンスが落ちる
（コナーズ・リサーチ・トレーダーズ・ジャーナル　第3巻） 179

付録3 本書のトレード戦略のためのアミブローカー用アドオンの
ソースコード 183

付録4 ローレンス・A・コナーズによるその他の著書 185

付録5 個人指導のお知らせ 187

付録6 資産運用会社およびファミリーオフィス向けプライベート
コンサルティングのお知らせ 189

付録7 アミブローカーのプログラミング入門 191

付録8 相関リスク 195

付録9 トレードに関する教材 197

付録10 RSIの計算式とコナーズRSIの計算法 209

謝辞

長年にわたって私たちが出版してきた著書と同様に、最初の原稿から読者の手元にある最終稿にまで仕上げるには献身的な人々による共同作業が必要だった。

特に、本書の作成に助力していただいたセザール・アルバレス、ブリタニー・コナーズ、ドリュー・マークソン、ラニ・マイヤー、イアソン・マイヤー、マット・ラドケ、ホセ・ペピート・ジュニア、アシフ・カーン、ダニーロ・トレスに感謝する。

第1章
恐怖と強欲と相場
Fear, Greed, and Markets

「将来の戦争でも、われわれはアレクサンダー大王の時代の兵士たちと同じ感情に陥る敵と戦うことになる」──ジョージ・S・パットン（ジョージ・パットンの私文書『勝利の秘密』より。1926年3月26日）

・・・・・・・・・・・・・・・・・・・・・・・・・・・・・・・・・・・・・

　あなたがお金にかかわる重要な問題について専門家のアドバイスを求めているとき、その専門家に次のような兆候があるとしよう。

●吐き気

●めまい

●胸の痛み

●頭痛

●首の痛み

●胃のもたれ

●耳鳴り

●皮膚がヒリヒリする

●息切れ

●感電したようなしびれ

●顔の突然の痛み

●動悸

●足に力が入らない

●頭がおかしくなりそうな感覚

●破滅が迫っているという恐怖

1から10の範囲で、あなたはこの人の判断力をどのくらい信頼するだろうか。

8～10　非常に信頼できる。この人は間違いなく有能だ。

5～7　ある程度は信頼できる。顔の突然の痛みと動悸はちょっと気になるが、皮膚がヒリヒリするとか、吐き気やめまいがして、足に力が入らないなどはすべて無視できる。

2～4　ほとんど信頼できない。お金に関することを決めるとき、頭がおかしくなりそうな感覚や破滅が迫っているという恐怖心にとらわれている人を、判断力が優れていて信頼できるとは言えない。

1　まったく信頼できない。全然、ダメ！　この人はおかしい。正気なら、だれがこんなありさまになっている人の判断に頼るだろうか。

正しい答え　あなたはおそらく2～4か1と答えただろう（まあまあ。あなたが1と答えたことは分かっている）。

提案

　さて、私があなたに次の提案をするとしよう。頭がおかしくなりそうな感覚や破滅が迫っているという恐怖心を含めて、ここで挙げたこととまったく同じ兆候を示しているトレーダーや投資家を相手にトレードをする機会をあなたに提供しよう。それに加えて……。

1．あなたは彼らを相手に1対1でトレードをすることができる。
2．彼らと何回トレードをするかを決めることができる。
3．自分にとってどんなに優れていると考えるトレード法を構築してもよい。
4．そして、このトレードを残りの人生で毎月、何回ずつか繰り返す

ことができる。さらに、過去四半世紀の間にこのトレードを実行していたら、トレード回数の70％以上から97％までの範囲で勝っていたことが分かっている。

さあ、あなたはどう感じるだろうか。この提案を受け入れるだろうか。

ほとんどの人は間違いなく受け入れる。そして、あなたもきっと受け入れるだろう。本書はこれを、いつ、どこで、どのようにすべきかを示すものだ。

今、あなたはきっと興奮しているだろう。一方で、「どこかに落とし穴があるんだろう。話がうますぎる」とも思っているはずだ。

たしかに、それは本当だ。あなたはこれが定量的には長年、そして何十年でさえ本当だったと分かるだろう。問題は、歴史的には大きなエッジ（優位性）があり、勝率が高いタイミングでの売買は、心理的にはこれらのトレードを実行するのが最も難しいときでもあるということだ。だからこそ、これから学ぼうとしているエッジは何年も、また多くの場合、何十年も残り続けてきたのだ。

残念なことに、多くのトレーダーや投資家は心理的にこの種の機会を十分に利用できない（ウォーレン・バフェットは投資においてこれができるし、実際に行ってきた。しかし、それこそがバフェットをバフェットたらしめるものなのだ）。

これらのトレード機会が生じるときには、しばしば極端な恐怖が市場に広がっている。そして、恐怖が極端に高まると、前に述べたひどい兆候が現れ始めて、人は守りの態勢に入る。トレーダーや投資家は誤った情報であっても、通常はそれらを無視して攻勢に出る気はないし、そうすることもできない。あなたは本書の至るところで、これを見ることになる。つまり、心理状態を示す多くの要素が同時に現れているのに、そのどれもが「さあ、買い時だ」と理性的に考える要素に

はならないのだ。実際には、理性的な人々の大多数は狼狽売りに走って、価格をさらに押し下げる。そして、適切なときに買いに入る人々にとってはエッジがさらに大きくなる。

本書の目標は、株とETF（上場投資信託）に短期的なエッジがいつ、どうして生じるのかに気づいてもらい、それらをトレードするための定量的な戦略を示すことである。

私はトレードに関する最初の本を20年以上前に書き、その後に6冊の本を書いた。どの本でも、どこでエッジが得られるかを示した戦略や長年にわたる価格データを載せてきた。

そして、この5年でますます明らかになったことがある。それは、私が見つけたエッジが生じるのはテクニカル分析によってでも、ファンダメンタルズ分析によってでもなかったということだ。たいていは市場の恐怖をきっかけとする要素や、恐怖ほどではないが、強欲をきっかけとする要素から生じていた。2～3の場合、例えば第2章のRSI（相対力指数）パワーゾーン戦略では、シグナルが正しかった回数で測ったエッジは、実は最近になって高まっている。これはひとつには2009～2017年の強気相場に原因がある。もうひとつは行動ファイナンスで明らかになった心理のせいだ。

30年前だったら、ニュースになるほどの出来事が起きると、市場がそれを消化するのに何日もかかった。それは個人トレーダーたちではなく、時間をかけて価格をしかるべきところまで動かすプロのトレーダーによってなされていた。

恐怖や強欲をきっかけとする反応はたしかに、いつでも生じていた。しかし、例えば1987年のブラックマンデーのような大きな出来事がないときには、反応は時とともに薄らいだし、それらのほとんどは投資のプロから成る少数の集団内にとどまっていた。

今日の状況はまったく異なる。今や、価格はニュースによって毎日、時によっては刻々と動く。ニュースの発信源は30年前よりもはるかに

増えている。30年前に金融関連のニュースを流していたのはおそらく、ダウ・ジョーンズ・ニューズワイヤーズのほかには2〜3社ぐらいしかなかっただろう。ブルームバーグはようやく支持され始めたばかりだった（私の記憶では、マイケル・ブルームバーグがニュース事業に参入する決定をしたばかりだった）。そして、CNBCもインターネットもまだ存在していなかった。

今日では、トレーダーや投資家が情報を得るためのニュース源や情報源は文字どおり何十とある。主にプロのトレーダーと投資家のためのブルームバーグから、あまりにも多いので具体名は挙げないが、ネット上の多くのサイトまで。それらは編集で独自の解釈を打ち出すので、1カ月のページビューは何百万にも達する。

さらに、CNBCは取引時間前と時間中にニュースを流す。そして、取引終了後には2018年5月現在、「ファスト・マネー」という番組を放送しており、そのせいで夜間取引の価格が動く。また、至るところに登場するジム・クレーマーは1時間番組の司会をしたあと、ラジオ番組にも出演する。

ほかに、利用者が情報交換をしている大規模交流サイト「ストックツイッツ（StockTwits）」を含む何十もの掲示板があり、ニュースやチャットが止まることはけっしてない。

恐怖が伝染するのであれば、だれかが恐怖に襲われると、それはあっという間に広がるということになる。ノルマンディー上陸作戦のほぼ20年前に、当時は少佐だったジョージ・パットンは、兵士の反応はけっして変わらない、と鋭い指摘をした（私は、彼がすべての人間の反応について言ったと思っている）。同じことは、トレーダーや投資家についても言える。唯一変わったことと言えば、感情が広がる速さだ。今日では、それがより速くなり、時には極端になる。それは主として、メディア、特にソーシャルメディアがこうした反応を引き起こすニュースを広めるのに大きな役割を果たしているからだ。本書のどの戦略

でも、これがどのように展開して定量化されるのかを見ていく。

　私たちはまず2つの章から始める。最初の章では、市場で恐怖がいつ最大になったかと、流動性が高いETFの短期的な値動き方向を2006年以降にシグナル数の80％以上で正しく予測したことを示す。SPY（S&P500ETF）では、この戦略は1993年以降、値動き方向を91％正しく予測した。

　次に、市場で強欲が増したときを利用する戦略を見る。ここでは、しばしばニュースやバカげたうわさのせいで、その銘柄に極端な強欲が現れて、株価は急騰するが、ほとんどの場合、反転（急落）する。

　その次には、私のお気に入りの主題を説明する。VXXでのボラティリティのトレードだ。ボラティリティ市場ほど恐怖に強く反応する市場はない。私たちはVXXの歴史と、より重要なことだが、その仕組みについて説明する。そうすれば、この証券がなぜ、どうやって無価値に向かうように作られたのかが分かるだろう。

　また、VXXが2009年に上場されて以来、来る年も来る年もかなりの損をしている5種類の買い手についても見る。彼らは善意だが知識が足りない投資アドバイザーから単なるギャンブラーまでと幅広い。これを知ったあと、この構造的に非効率的な証券をトレードするための2つの戦略を学ぶ。

　1つは非常に短期（平均して約1週間）の戦略で、もう1つはVXXが下降トレンドのときにVXXを平均して3カ月、空売りする中期のトレンドフォロー戦略だ。これら2つの戦略には、過去データで検証した強力な裏付けがある。これらのエッジはVXXが開発され、上場された2009年初めから存在した。

　次に、新高値を利用したトレード戦略について説明する。私たちが考えたこの戦略は、2004年に最初に発表され、今でもよく言及されて影響力がある学術調査に基づいている。この調査は、トレーダーと投資家が52週高値を基準としてどう使うかを示している。私たちはこれ

に恐怖という要素を加えた。この調査結果と恐怖を組み合わせると、選別された銘柄は数日以内にシグナル数の77％以上で上昇したことが分かる。

第8章では、アメリカだけでなく世界の株価指数で恐怖か強欲が高まるときについて説明する。スケールイン（分割売買）という手法を用いると、この戦略では、価格の上昇を80％以上正しく特定できた。この戦略は強力で、ETFを市場で恐怖が高まったときに買い、強欲が増したときに売る組み合わせは文字どおり何千通りもある。

第9章では、翌日も続く恐怖について説明する。この戦略では、絶え間ない売りで下げ続けたあと、ギャップを空けた下げで急落したETFを見つける。さらに日中に急落することで、これらのETFの保有者はパニックになったり恐怖を感じたりする。たいてい、彼らの多くは苦痛に耐えられない（彼らには前に述べた兆候のいくつかが現れる）。そして、それ以上の苦痛を避けるために売る。そのときに買って、彼らのポジションを引き受けると、しばしば大きなエッジが得られる。

それから、以上のすべてを合わせて説明する。また、この種のトレードがいかにウォーレン・バフェット流の投資に似ているかも見る。バフェットは、「市場で恐怖が高まったときに買う」ことで、富を築いた。彼は反復可能な手法を作り上げて、しばしばだれもが売っているときに買った。より長期的には、バフェットがこの種の投資をどうやって何十年も続けてきたかが分かるだろう。私たちは同じ行動バイアスを総合して、短期トレード用にまとめた。また、これらの戦略を使ってトレードをするための多くの方法についても検討する。

付録には読者が利用できるお勧めの情報を載せた。これによって、市場で恐怖が高まったときに買って、強欲になったときに売るほかの方法も含めて、さらに知識を得ることができる。心理にかかわるエッジは今後もおそらく長年にわたって市場に現れる。本書を読み終えるころには、それらを検証結果に基づいて利用するトレードができるよう

になるだろう。市場は変わるかもしれない。しかし、本書で繰り返し見ていくように、人間の行動は変わらない。

本書の戦略を最大限に生かすために知っておくべき16のこと

戦略について述べる前に、次の点を補足しておく。

1．本書のすべての戦略は定量化されている

これは、すべての戦略に決まったルール（決まった入力値）があり、それらは短くても9年、長いものでは25年の過去データによる検証結果に支えられているという意味だ。

市場で恐怖が高まったときに買いシグナルが点灯し、強欲が最大になったときには株式とETFの空売りシグナルが点灯する。本書を通して、私たちは市場で恐怖が高まったときに買い、強欲が増したときに売る。そうする理由は、心理状態にかかわる検証済みのエッジが繰り返し現れるため、それを利用できるからだ。

私たちは多くの異なる方法で恐怖と強欲を体系化し、定量化している。これは株式でもETFでも行っていて、VXXによるボラティリティのトレード、大引けと日中のトレード、買いと空売りのトレードも含まれる。そして、どの戦略でも手仕舞いはルールに基づいて行われる。

すべてのトレードには仕掛ける理由があり、市場での恐怖と強欲から利益を得るために単純な指標を当てはめる。心理状態に基づくトレードをするときには、その理由が事前に分かる。最も重要なことは、すべてがよく練られていてシステム化されているので、いつ仕掛けていつ手仕舞うべきかを考える必要がないということだ。

2．私たちが検証を行った方法

A．どの検証も開始日はさまざまだが、終了日は2017年の取引最終日だ。

B．すべての検証で、ノルゲート・データ社が提供する、サバイバルバイアスのないデータを使った。このデータは配当と株式分割について調整済みで、どの戦略でもどういう株式やETFを含むかについて事前に定義されている。

C．指値注文を使わないかぎり、すべての検証は終値で行った。手数料とスリッページは含まれていない。

D．どの検証も同じデータを使って、再確認されている。これは、少なくとも2人の異なる場所に住む調査者が明文化されたルールを当てはめて、ぴったり同じ検証結果を出したということを意味する。

3．用いた指標

A．**価格**　本書の戦略は値動きに非常に大きく依存している。値動きはしばしば、特定の時間にどのくらいの恐怖や強欲が市場に存在するかを伝えてくれる。

B．**トレンド**　多くの場合、トレンドに沿って買うときには長期のトレンドに従う。これは主として200日単純移動平均線で判断する。ヘッジファンド界の伝説的人物であるポール・チューダー・ジョーンズはアンソニー・ロビンズ著『世界のエリート投資家は何を見て動くのか』と『世界のエリート投資家は何を考えているのか』（三笠書房）で、このことを「私が見るものすべての測定基準は終値の200日移動平均線だ」と、的確に表現している。

　私たちもこれに同意する。一般に、株価指数の価格は200日移動

平均線を下回っているときよりも上回っているときのほうが予測どおりの動きをする。株価指数や株価がその200日移動平均線を下回っているときには、市場かセクターか個別企業特有の理由かは別として、通常は何らかの理由がある。これらの理由はしばしば妥当なものであり、例えば200日移動平均線を上回っているときにだけ株式を買うといったトレンドに従うトレードは、短期のエッジが高まると検証で分かっている。

C．RSI その証券がどのくらい買われ過ぎか、売られ過ぎかを正確に測るために用いる。

本書の至るところで見られるように、市場に恐怖が広がるほど、証券は売られ過ぎになる。同じことは強欲、特に極端な強欲にも当てはまる。証券が買われ過ぎになるほど、市場では強欲が増している。このときに最大の反転が起き、定量化できるエッジが最大になる。

過去30年以上の株価の定量的調査によれば、RSIよりも優れた指標はなかった（RSIとそれを私たちがさらに向上させたコナーズRSIの式は付録に載せている）。

RSIは本書の至るところで使われている。この指標はもともと、ウエルズ・ワイルダーが考案して、1970年代に彼の影響力ある著書『**ワイルダーのテクニカル分析入門**』（パンローリング）で紹介されたものだ。この著書が出版されてから30年間、トレーダーは彼の最初の設定値である14期間RSIに頼っていた。今日でさえ、大部分のソフトウェアでは14期間を初期設定にしている。

2002年に、私はこれよりもはるかに短期の2期間RSIを株価に当てはめ始めた。そのときまで、RSIをこのように使った人はだれもいなかった。私はそれが短期の値動き、特に株価指数やS&P500の先物と非常に一致した動きをすることに気づいた。

私は調査チームにバックテストを依頼した。すると、その検証結果

は私たちがこれまでに行ったどの検証よりも精度が高かった。1年後に、私たちは調査結果に基づく戦略を発表した。私たちの知るかぎり、短期のRSIを当てはめた調査結果を発表したのは私たちが初めてだった。

それから15年たったが、短期の時間枠に当てはめたワイルダーのRSIは現在でも、ほかのどの指標よりも検証結果が良い。私たちはもっと優れたものがないか探してきたし、常にどんな指標でも喜んで検証した。しかし、いまだにワイルダーのRSIを凌ぐ指標は見つかっていない。

本書の戦略ではRSIに3つの時間枠を使っている。2期間RSI、4期間RSI、そしてコナーズRSIだ（これについてはすぐに説明する）。本書のそれぞれの戦略に対して、私たちは最初にRSIを適用したのと同じ方法を使ってきた。そのため、RSIは堅牢で、全体として見れば今日でも株価で短期の市場センチメント（恐怖と強欲）を測るカギとなっていると言えるのだ。

コナーズRSI（CRSI）は私の経営する調査会社によって5年前に考案された。私たちの知るかぎり、これは株式トレーダーが利用できる、唯一の定量的なオシレーターだ。付録にはコナーズRSIの計算式を載せている。ブルームバーグの端末を使用している人ならば、スタディーズのセクションに組み込まれている。

コナーズRSIはワイルダーのRSIを適用しているだけではない。過去のデータでは、この指標では、ワイルダーのRSIよりも証券が定量的なエッジが存在する極端な水準に達するのがはるかに難しい。

4．数学

本書では高等数学は使われていない。それは必要ない。

5．損切りの逆指値

損切りの逆指値は検証で使っていない。これは意図的であり、損切りの逆指値について私たちが長年考えてきたことと一致している。損切りの逆指値に関する私たちの考え方は付録に載せている。また本書では、損切りの逆指値よりも優れたポジションの守り方について提案もしている。

6．市場で恐怖が高まったときにシステム化・定量化された方法で買うのは市場に存在する数少ないエッジのひとつ

恐怖が高まるほど、証券価格のゆがみは大きくなる。ということは、あなたにとってエッジが大きくなるということだ。本書では、恐怖がいつ市場に広がったかや、そうなった理由、そのときにシステマティックなトレードをする方法を確認する。そして、この恐怖を場合によっては25年前までさかのぼって定量化するつもりだ。

7．恐怖心は人に生まれつき備わったもの

これは科学によって繰り返し証明されている。恐怖に襲われたときに脳に変化が現れることは、MRI（磁気共鳴画像診断装置）を使った多くの科学的研究で示されている。

ブルース・ペリー博士はタイム誌のウェブサイトの記事で説明している。「人は恐怖に襲われると、脳の知的な働きをする部分が優勢でなくなる。脅威に直面すると、リスク評価や行動にかかわる皮質が機能しなくなる。言い換えると、論理的な思考は感情に圧倒されるため、短期的な解決法や発作的な反応を好むようになる」

　この点を忘れないでもらいたい。これが今から学ぶトレードのエッジやバイアスが存在する重要な理由のひとつだからだ。

８．すべての恐怖心が同じ意味を持つわけではない

　これは恐怖にかかわる行動をより正確に特定できることを意味し、全般的な相場つきに基づいて大きなリターンを得ることにつながる。これは覚えておくべき大切なことで、データによって証明できる。

A．株式の個別銘柄と株式のETFでは、強気相場のときの恐怖は弱気相場のときの恐怖よりもはるかに短期間しか続かない傾向がある。堅調な強気相場では、恐怖はすぐに振り払われて、価格は押し上げられる。このことは単に200日単純移動平均線を加えて、移動平均線の方向に数多くトレードするだけで証明される。本書で何度か述べたように、200日単純移動平均線がヘッジファンドの伝説的な人物であるポール・チューダー・ジョーンズのお気に入りの指標である理由はここにある。

B．シグナルが点灯する前の数日の値動きが役目を果たしている。1日だけの恐怖よりも、蓄積された恐怖のほうがはるかに良い。軍隊用語で言えば、1日の砲撃よりも数日にわたる砲撃のほうがはるかに効果的な理由はここにある。当然ながら、人間は何日も砲撃されると参ってしまう。トレードでは、何日も損をして参ると、精神的に疲れて、不合理な判断をし始める。そして、反対側にいる買い手はしばしば有利な価格を手にする（彼らはさらに有利なエッジを得る）。

C．ギャップを空けて下げないときの価格よりも、翌日も恐怖が続くせいでギャップを空けて下げたときの価格のほうが良い。これは証券が数日間下げ続けたあとに特に当てはまる。数日続けて損を

したあと、朝に目覚めると、株式かETFがさらにギャップを空けて下げて、損がもっと膨らむのはだれも好まない。

D. 恐怖の高まりで買うのに最もふさわしいときのひとつは、恐怖（そして、パニックはもっと良い）が日中に高まっているときだ。投資家とトレーダーが急落に理性的に反応できる時間は限られていて、しばしば狼狽する。その証券が売り一色のまま、次の取引日に向かうときには、なおさらだ。

9．恐怖のタイプ

あなたの予想どおり、トレードで損をするのではないかという恐れは、人を駆り立てる重要な要素だ。お金を失うことに対する恐れやマネーマネジャーの場合には失業する恐れを感じると、売買に追い込まれる。

実際、失うことに対する恐れは人生において人を動かす主要な要素だ。お金を失うこと、最愛の人が亡くなること、失恋、仲間はずれなど、いくらでもある。多くの専門家が同意するように、人々が夢をとことん追求しない最大の理由は失うことが怖いからだ。

しかし、人にはFOMO（Fear of Missing Out、機会損失の恐れ）という感情もある。私は自分でもこれを見てきた。他人が相場で儲けているのに自分は儲けていないと、人はイラだつ。2010年以後になされた研究によると、2008年のリーマンショックで損をした人々は、損をした額が他人と同じか少なければそれほど気にしないことが明らかになった。

また、2008年に損をした金額は他人よりも少なかったが、2009年に儲けた金額も少なかった人は、2008年により多くを失ったが、2009年により多く儲けた人よりもイラだっていることが分かった。たとえ損益を通算すれば同じであっても、他人が2009年により大きな利益を得

ていたら、だまされたように感じていたのだ！ 「機会損失の恐れ」は本書の戦略の2つで利用されている。FOMOはエッジを生み出す。そして、買い手が価格を不合理なまでに押し上げるとき、私たちはそこで生じるエッジを利用する。

10. 証券の構造

主としてVXXの仕組みのおかげで、本書の2つのボラティリティ戦略はとてもうまくいっている。VXXはその仕組み上、非効率的だ。VXXに関する章ではもっと詳しく説明する。構造的な非効率性を市場で見つけることができれば、その非効率性を利用した戦略を立てることができる。

11. リスク管理

私たちはポジションを守る方法、特に市場の恐怖と強欲が極端になっているときにトレードする方法にも触れる。許容するリスクを固定してポジションを取れば、事前にリスク許容度を決めることができて、リスクを限定しないトレーダーや投資家よりも効率的にリスクを管理できる。

検証した流動性の高い証券では、勝率が非常に高かった。1993年以降、シグナル数の90％以上が正しかった。ファンドマネジャーや未熟な一般投資家はポートフォリオを守るための保険となる金融商品を、過去の価格から見て高すぎるときに買う。そういうときに平均して10％以上の利益を得る戦略を紹介する。この点を頭に入れたうえで、私たちは戦略がうまくいかない少数の回について身を守る必要がある。

12. ファンダメンタルズについてはどうなのか

投資では、ファンダメンタルズは非常に重要だ。だが、短期トレードでは、重要性ははるかに低い。ファンダメンタルズは通常、日中や日ごとに変わるものではない。しかし、価格とセンチメントは変わる。だから、私たちは主としてこの2つに焦点を合わせるのだ。これは本書では過去データで検証されている。

要するに、長期的にはファンダメンタルズが最も重要であり、短期的には価格とセンチメントが最も重要ということだ。

13. 私たちの知るかぎり、本書は2018年現在、「短期の定量的な行動ファイナンスの本」として最初に書かれた唯一の本

おそらくほかの人々が私たちの後を追い、さらに先を行くだろう。しかし、現在のところ、心理状態を定量化して1冊にまとめた本はこれだけだ。

14. 本書と私の書き方のスタイルについて

私は簡潔に書く。それが教えられた書き方なのだ。私は数百ページを費やして同じ主張を説明する文章よりも、簡潔な文章を読むほうを好む。

私は過去23年の間に、ストック・アンド・コモディティ誌によって「20世紀の10大トレード本」に取り上げられたリンダ・ラシュキとの共著、『魔術師リンダ・ラリーの短期売買入門』（パンローリング）を含めて、多くの本を書いてきた。これらの本の文章はどれも比較的短い。それよりも重要なのは、それらは質に焦点を合わせているということ

だ。私は本書の知識を伝えるうえで、2つのことを目標にしている。ひとつは心理状態に基づく短期のエッジがどこで繰り返し生じるかを伝えることだ。もうひとつはそれを簡潔に伝えることだ。

15.　データのオーバーフィッティング（過剰最適化）

定量分析が主流になるにつれて、データサイエンスの専門知識を持ち、定量分析に基づくトレードやリサーチを行う新世代の人々が現れている。この業界で伝統的な訓練を受けていない人々は他分野で成功しているデータ分析技術をトレードに当てはめている。金融工学を当てはめるとき、これらの技術のなかには非常に役立つものもあれば、うまくいかないものもある。

現在ますます使われるようになっていて、私が好まない技術のひとつでは、大量のデータを集めて、良い結果が出るまで可能なあらゆる組み合わせを試している。

これはまさに過剰最適化だ。大量のデータを集めて、それらを解析し、うまくいくパターンを見つける。発見されたパラメーターが意味をなさなくても気にしない。データのほうが賢いという前提だからだ。彼らのモットーは、「データをトレードする！」だ。

例えば、何かまったく論理的でないことを考えよう。レッド・ソックスが木曜日のナイトゲームで3点を取って勝ったら、翌朝の寄り付きでS&P500を買って、大引けで売るとしよう。これによって、過去30年のトレード回数の80％で利益が出て、トレーダーは大きなリターンを得たと仮定しよう。次に、勝ったときの得点という1つの変数を変えて検証をする。レッド・ソックスが4点を取って勝ったときには、このやり方はうまくいかない。うまくいった回数は50％で、損をする。そして、わずか2点を取って勝ったときには、45％でしかうまくいかない。

データは3点を取ったときにトレードをするように勧めている。レッド・ソックスが木曜日のナイトゲームでぴったり3点を取って勝ったときに、金曜日の寄り付きでS&P500を買って、大引けで売る。これが30年で80％うまくいった！

　だが、大きな問題が2つある。

A．**このルールはばかげている**　木曜日にレッド・ソックスが3点を取って勝ったあと、一体、なぜS&P500が上がるのだろうか。ボストンのファンは勝ってうれしいから、彼らが買うのだろうか。それが理にかなっているのなら、ヤンキースのファンはうれしくないので、彼らは売るはずだ。たとえ、3点を取って勝った翌日にS&P500が上げるとしても、どうして3点なのだろうか。2点か4点では、どうしてうまくいかなかったのだろうか。

B．**データは都合よくこじつけられていた**　データマイニングや最適化の仕事をしているものの、プロとしてのトレード経験がほとんどない人々と私は会ったことがある。彼らは、「これはデータが言っていることであり、これが有効なトレード戦略なのです！」と言う。現実世界に住む私たちは、「ああ、そうですか」と言うしかない。

　マルコス・ロペス・デ・プラド博士は名著『アドバンシズ・イン・ファイナンシャル・マシーン・ラーニング（Advances in Financial Machine Learning）』（邦訳近刊予定）において、この主題について書いている。博士はこの分野の専門家だ。彼はグッゲンハイム・パートナーズの定量的投資戦略部門を設立して、130億ドル以上の資金を運用した。私は最近、彼が講演する会議に出席した。彼はシステムの検証や、それを金融に当てはめるときの無理な関連づけなど、多くの落とし穴について話した。詳しくは彼の著書を読むことを勧める。いずれ

にせよ、アービトラージか非効率的な構造、あるいは恐怖と強欲のような繰り返し現れる心理状態を利用したトレード戦略でないかぎり、戦略はこじつけに陥りかねない。

　本書では、繰り返される人間行動を定量化している。読み進むにつれて、恐怖が流動性の落ち込み（買い手不在）を繰り返し生み出すのが分かるだろう。そして、恐怖心は時にパニックに変わる。そういうときには妥当な価格でも買い手が現れないだけでなく、売り手は自分の保有する証券をどんな価格であろうと気にせずに売る。彼らはとにかく手仕舞いたいのだ。

16.　狼狽売りによる急落の多くがやがて反転するのはなぜか

　私が次のような文を読んだのは、伝説的なストラテジストでテクニカル派のトム・デマークのインタビューが初めてだった。彼が言うには、短期でも長期でも買い手が同時にどっと戻ってくるから相場が本当に底を打つ、というわけではない。底を打つのは、売りが減るか止まるからだ。

　この洞察がいかに重大かを完全に理解するまで、私は何年もかかった。市場で恐怖が高まっているときに底を打つのは、恐れを抱いた買い手がすべて手仕舞ってからだ。買い手がすぐに戻ってくるときもある。しかし、たいていは、以前よりも安全な状況だと分かってから戻ってくるものだ。このような買い手は恐怖が収まったあとでしか買わない。彼らはしばしばより高値になり、もはや短期的なエッジがなくなったときに買う。市場で恐怖が最大に近いときに買いに入った人々が最も報われる。

　本書では、市場で恐怖が高まったとき、しばしばそれが最大になったときにシステマティックに買えるように、統計的に確実な手法を数

多く見ていく。通常は苦痛に耐えきれないために、たいていは最後の売り手が株式かETFを売ったとき、私たちは買うことになる。

　ウォーレン・バフェットは、「他人が強欲になっているときに恐れて、他人が恐れているときに強欲になるように」という彼自身のアドバイスに従って、富を築いた。

　それでは先に進んで、他人が強欲になったときに恐れを抱き、他人が恐れているときに強欲になるタイミングを見つけよう。市場で恐怖が高まったときに買い、強欲が増したときに売るタイミングを見つけよう。

第2章
RSIパワーゾーン戦略
RSI PowerZones

・・・・・・・・・・・・・・・・・・・・・・・・・・・・・・・・・

　1993年以降、シグナル数の91％以上でSPY（S&P500ETF）の値動き方向を正しく予測していた戦略から始めたい。この戦略ではSPYを平均して3～7取引日保有する。買うのは恐怖（しばしば、大きな恐怖）が市場に広がっているときだ。この恐怖は経済報告の発表かニュースになるイベントが近づいているために買うのを恐れる場合から、市場でのパニックまでと幅がある。この恐怖が市場に広がるとき、トレーダーにはいつも大きなエッジ（優位性）が生じる。買い手は姿を消して、売り手は狼狽し、S&P500の価格は過去25年間にわたってどの年でもその後に確実に上がる水準まで下げる。

　この戦略は恐怖の高まりで買って、強欲が増したところで売るという考えの典型だ。

　RSI（相対力指数）パワーゾーンとは何か。RSIパワーゾーンとはETF（上場投資信託）、特にアメリカの株式ETFが上昇トレンドにあるときに買えば、高勝率を得られる水準のことだ。ETFがこの水準まで下げたとき、そこは市場に広がる恐怖を利用して恐怖の高まりで買い、恐怖が収まったときに高値で売るトレーダーにとって、勝率が高い領域となる。過去四半世紀に、SPYがこの水準まで下げた10回のうち9回以上で、利益が得られた。

　では、すぐにトレードルール（これらは単純だ）に移ろう。その後

にトレードの例を２つ見て、市場の内側を探り、この恐怖がどのように見えるか、なぜ恐怖が生じるのか、だれが売っているのか、そして、売りが止まったときに何が起きるのかを見ていこう。

RSIパワーゾーンのルールは次のとおりだ。

1．SPYはその200日単純移動平均線を上回っている。これによって、より長期の上昇トレンド途上にあると特定できる。

2．SPYの４期間RSIは30を下回って引ける。また、25を下回ったとき（これは相場がさらに売られ過ぎになったことを意味する）に買い増した場合の検証結果も示す。大引けにSPYを買う。

3．ポジションを取っているときに４期間RSIが25を下回って引けたら、２回目に同じ口数を買う。これは要するに、通常はより安値でポジションを２倍にするということだ。

4．４期間RSIが55を上回って引けたときに売る。

下はRSIパワーゾーンを30に設定してSPYを買い、25を下回ったときにポジションを２倍にした場合の1993〜2017年の検証結果だ。

トレード数	202
勝率	90.59％
勝ちトレード数	183
負けトレード数	19
１トレード当たり平均利益率	1.73％
平均保有日数	4.95取引日

次はRSIパワーゾーンを25に設定してSPYを買い、20を下回ったときにポジションを２倍にした場合の1993〜2017年の検証結果だ。

トレード数	147
勝率	92.52％
勝ちトレード数	136
負けトレード数	11
1トレード当たり平均利益率	1.89％
平均保有日数	4.84取引日

　これだけだ。SPYのトレードには4つの単純なルールがあればよい。そして、1993年以降、これら4つの単純なルールから生み出されたシグナル数の90.59％は、平均5取引日以内に利益を生んだ。

　これらの単純なルールがどうしてそれほど素晴らしい結果を出せたのだろうか。詳しく見ていこう。

1．今日から振り返ると、これは検証時期のデータに過度に適合した結果ではないのか。それは違う。実は、何千人ものトレーダーが初めてこの戦略について学んだのは、私が2003年に最初にこれを発表したときだった。その後、私は2009年に『ハイ・プロバビリティー・ETFトレーディング・ストラテジーズ（High Probability ETF Trading Strategies）』で、再びこれを発表した。何万人ものトレーダーが本を買ってこの戦略を知り、ほかの人々に繰り返し伝えている。

2．30／25か25／20は魔法の水準なのか。そうではない。両方とも非常に良い結果が出る水準で堅牢だが、自分でさらに調査をすれば、ほかにも追加できる水準がある。

3．検証結果は1990年代の株価によく見られた強い平均回帰性のせいで、一方に偏っていたのではないか。そうではなかった。実際、2009〜2017年の結果はもっと良くなっていた。たしかに、この戦略は長い間、公になっていて、広く知られていた。資金運用を行

う業界はアクティブ投資から主としてパッシブ投資に移った。ほかにも市場が変わった点をいくらでも示せる。それにもかかわらず、結果は良くなった。2009〜2017年にRSIパワーゾーン戦略で点灯したシグナルのうち、96.77％で利益が出た。62回のシグナルのうち、60回で利益が出た！

　しばらく立ち止まって、この点を大きなほうから順に見ていこう。ここで何が起きているかを本当に理解していこう。

1. この動きはSPYだけで見られるわけではない。私たちは複数年について、数回これを検証した（最初は1993〜2003年、次に1993〜2009年、そして今回の1993〜2017年）。私たちはこの検証を流動性が高くてトレードにふさわしい20のETFで行った。これらはアメリカのセクターETFから、ヨーロッパやアジアやラテンアメリカのカントリーファンドETFまでと幅広い。これらの銘柄がRSIパワーゾーンの水準まで下げたあとに上昇した割合は、それぞれをトレードし始めてから平均して81％を超えている。これは世界的な現象だ。
2. 私は200日移動平均線と４期間RSIの組み合わせが魔法の数字なのだと思っていた。それらも一定の役割は果たしてはいるが、テクニカル指標にすぎない。真の原動力は、株式ETFがパワーゾーンの水準まで下げたときに生じている心理状態だ。それは市場での恐怖の広がりだ。そして、本書で繰り返し見るように、恐怖によってエッジ（優位性）が生み出される。市場で恐怖が高まっているほど、エッジも大きくなる。この点は先に進むにつれて、さらに詳しく述べるつもりだ。
3. 上げているとき、つまり、４期間RSIが55を上回っているときに売り抜けるのも行動ファイナンスに基づく。恐怖が収まりつつあ

るので、この期間に価格はまもなく上げる。数日前に人々が買う
のを恐れていたのは、何十もの理由が考えられたからだ。それら
には経済に関する発表が間近に迫っているといった単純なものか
ら、メディアによって一時的な大騒ぎが引き起こされたからといっ
たものまである（以下に、これらの1つを例示する）。ほとんど
の場合、価格が高くなったところで手仕舞いのシグナルが点灯す
るのは、投資家がもう「安全だ」と思っているからだ。彼らはも
う安全かもしれない。だが、彼らは恐怖から生じる価格のゆがみ
が消えたときに買っている。恐怖が高まっている間に買った人々
はその大部分で勝ち、「危険がなくなった」ときに利食いをする。

　では、注目を集めた2つの急落を見よう。どちらもRSIパワーゾー
ンのシグナルが点灯した。どちらの場合でも恐怖から引き起こされた
売りによって、SPYが下げた。恐怖が高まったときに買って、それが
収まったときに売るというパターンが特に株式ETFで何度も繰り返さ
れる。

　ロバート・チャルディーニ博士の『影響力の武器』（誠信書房）は、
ウォーレン・バフェットが常に推薦する極めて数少ない1冊だ。私は
何年も前に、チャルディーニが急成長企業の200人のCEO（最高経営
責任者）を相手に行った講演に出席したことがある。彼はそこで、『影
響力の武器』はバフェットがオマハの年次株主総会で長年続けて推薦
してきた「唯一の本」だと、聴衆に言った。

　この本は投資とは関係ない。内容はすべて、人間行動に関係したも
のだ。そして、バフェットは人間行動を理解する達人だ。それは彼が
富を築いたカギのひとつだ。この点については、あとでさらに見てい
く。

　チャルディーニによると、影響力の6つの原則のうちの1つは「権
威」だ。人は専門家が話すと、たいていしっかりと聞く。彼らが権威

者として見られるほど、人はそのアドバイスに耳を傾ける。

　ウォール街では、ＪＰモルガンのマクロクオンツ・デリバティブ戦略のグローバル担当主任で、上級アナリストでもあるマルコ・コラノビッチは影響力がある。彼は定量分析、特にデリバティブ（金融派生商品）がマーケットにどういう影響を及ぼすかに関して、最も影響力がある権威の１人と見られている。彼と彼の率いるチームは長年にわたって優れた短期予測をしてきたので、彼はエリートと呼ばれるのにふさわしい。

　影響力を持つ人には相場を動かす力があり、マルコ・コラノビッチもそういう１人だ。次は、イベントに合わせて、影響力の極めて大きな人が出すリポートが広く行き渡り、市場に恐怖を引き起こして、反復可能で勝率が高いエッジを生み出した好例だ。

例2.1 SPDR S&P500ETFトラスト（SPY）

出所＝ブルームバーグ・ファイナンス（ブルームバーグ・ファイナンスの許可を得て使用）

1. 2016年6月は波乱もなく心地良い月だ。SPYは200日移動平均線
を上回っていて、価格は最高値近くで引けた。楽しい夏になりそ
うだ！

例2.2　SPDR S&P500ETFトラスト（SPY）

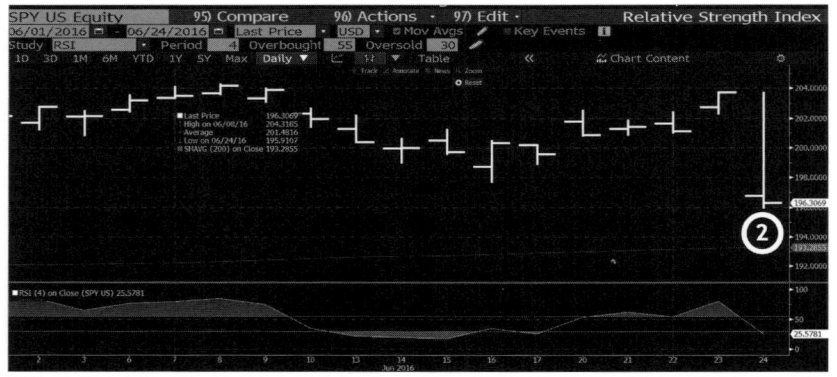

出所＝ブルームバーグ・ファイナンス（ブルームバーグ・ファイナンスの許可を得て使用）

2. 6月24日金曜日。イギリス国民は突然、EU（欧州連合）から離脱することを投票で決めた。このいわゆるブレグジットはアメリカを含む世界中の市場に打撃を与えた。相場は急落して、1日で大きく下げた。4期間RSIの値は80から26まで下がった（4期間RSIの1日の動きとしては非常に大きい）。

　同時に、非常に尊敬され、フォローされているストラテジストであるマルコ・コラノビッチがリポートを発表して、世界に広く行き渡った。内容は、株式は1000億ドル売られたが、デリバティブのポジションを多く取っているシステマティック戦略ファンドがこれから2～3日売る可能性が高いため、さらに1000億ドルの売りが出るだろう、というものだった。また、彼はブレグジットのせいで、アメリカが不況に入る可能性が高まった、とも見ていた。

　2016年の夏の始まりはなんと大変なことか。何万人もの投資のプロは妻の資金も運用しているので、「今週末は一体、何があったの？」と尋ねられる。

　あなたが規律正しくて、RSIパワーゾーン戦略の30／25を利用

してシステマティックにトレードをする人なら、大引けで買う。25／20のほうを使っているのであれば、おそらく弾丸をうまくかわしたと感じているだろう。

　どちらの場合でも、コラノビッチが正しければ、来週はさらに下げて、あなたはポジションを２倍にしているか、最初の仕掛けをしているかだ。いずれにしろ、ルールに従っていれば、高エネルギー物理学でニューヨーク大学から博士号を授与され、ウォール街で最も影響力のあるプロとは反対側にポジションを取っている。あなたは彼の反対側に立っているだけでなく、彼のアドバイスに従う世界最大級のトレード会社の一部の反対側にも立っているのだ！

例2.3　SPDR S&P500ETFトラスト（SPY）

3．6月27日月曜日。相場はコラノビッチのシナリオどおりに動いて
　いる（そして、彼のリポートはそれを議論しているほぼすべての
　経済関連のメディアを通じて広まっている）。SPYはさらに下げ
　て、日中に木曜日の終値から5％以上も下げた。狼狽売りだ！

　　4期間RSIの値は18で引ける。今や決断すべきときだ。トレー
　ドをするか、それとも多くの専門家を含む多数派の意見に従って
　トレードをしないでおくかだ。感情を交えずにシステマティック
　に定量トレードを行う人はここで仕掛ける。あなたは決めなけれ
　ばならない。恐怖が高まったときに買うのか。あるいは大衆に従
　って見送るのか（あるいは、不況入りするリスクが大きくなった
　ので、空売りのポジションを取るのか）。だれもこの決断が簡単だ
　とは言っていない。

例2.4　SPDR S&P500ETFトラスト（SPY）

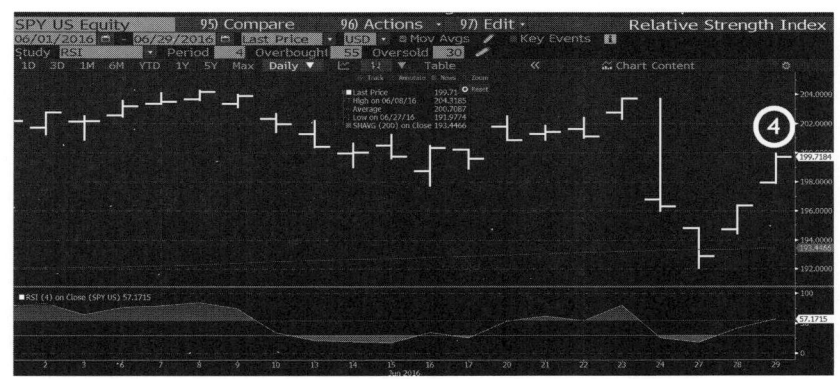

4．6月29日水曜日。過去四半世紀の90％以上と同じく、正しい決断
　　はトレードをすることだった。S&P500は大幅に上昇して、かなり
　　高く引けた。4期間RSIの値は55で引けて、利食い売りをすると
　　きだ。

心理的には、このトレードは実行するのが難しく、過酷でさえある。理にかなった決断は、「様子見をする」ことだ。しかし、市場に恐怖が高まったときに買うのが良いと信じているのであれば、これは願ってもない展開だった。だれもが楽しみにしている夏の最初の週末が近づき、市場は落ち着いていたが、金曜日に予想外の急落に揺れた（そして、多くの市場関係者は週末の休暇を早めに取るために休むか早退していた）。後場に大量の売りが出たため、相場はその日の安値近くで引けた。そして、大いに尊敬されていて影響力があるストラテジストの１人がリポートを出して、さらにその後の２～３日でもう1000億ドルの売りが出そうだ、と述べた。そのうえ、アメリカは今や不況入りする可能性が高まっている、とも述べていた。

　これを理性的に考えれば、様子見をするか、空売りさえしようとするだろう。だが、買うという結論は下さないだろう。

　感情、特に恐怖が高まったため、市場全般に対してエッジが生じている。市場に恐怖があるうえに、このリポートが広まると考えたメディアが状況をさらに悪化させた。そのため、月曜日に相場は急落し、リポートとイベントに影響された人はだれもが手仕舞った。彼らは一斉に売った。そして、彼らが手仕舞うと、２～３日以内にこうした状況の90％以上でS&Pは上昇した。

　私はマルコ・コラノビッチをとても尊敬している。彼のチームと同様に、彼は優秀だ。彼や彼のチームの反対側に立っていると、最終的にはおそらく負けるだろう。彼らは賢く、しばしば勝つ。しかし、彼らは相場に影響を与える。そのため、多くのプロが彼らに従い、メディアはしばしば彼らの分析を派手に取り上げ、誇張することも多い。この連鎖によって、相場は上にも下にも増幅される。そして、この例で分かるように、それは一時的な狼狽売りにつながり、買いの絶好の機会になった。

　25年の定量的な検証結果に基づけば、これらの狼狽売りによって、主

に株式ETFの価格はRSIパワーゾーンの水準まで下げて、買いの最適なタイミングとなる。これは完璧ではないが、市場で恐怖が高まって売りが続くとき、価格はしばしばこの水準まで下げる。恐怖の高まりによって、価格は買えば報われる水準まで押し下げられるのだ。

　では、別の例を見ることにしよう。

　2017年4月24日。市場のストラテジストたちは何カ月も前から10年物国債の利回りは3％の水準を超えると警告してきた（最も影響力のある――また、この言葉だ――「債券王」の1人は3％を超えると危ないと実際に言った）。これらの懸念は世界に波紋を呼んだ。10年物国債利回りが3％を超えると、株価に悲惨な影響が及ぶと予想されていた。

例2.5　SPDR S&P500ETFトラスト（SPY）

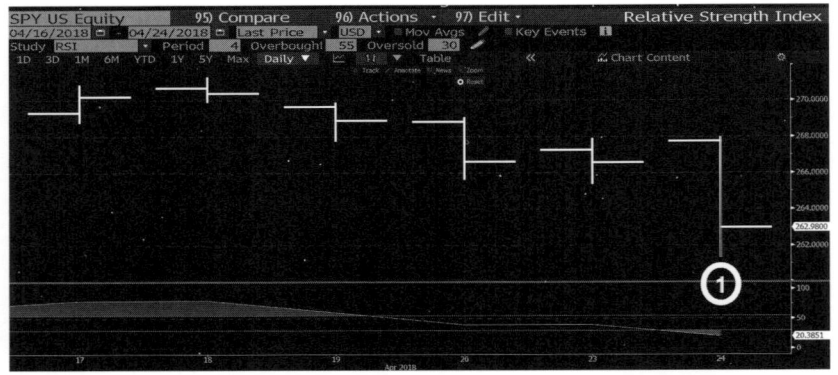

出所＝ブルームバーグ・ファイナンス（ブルームバーグ・ファイナンスの許可を得て使用）

1. 利回りは３％を超えると、相場は予想どおりに急落した。私が敬
   意を表するサイトである経済ニュース分析会社のベンジンガ
   （https://www.benzinga.com/money/）は次のように報じた。

   　10年物国債の利回りは火曜日の朝に心理的節目の３％に達し、物
   価の上昇スピードがあまりにも速すぎるのではないかという恐怖
   が広がった。金利上昇とインフレの進行は企業収益をむしばむ可
   能性がある。そのうえ、利回りが高くなると、資金は株式市場、特
   に高配当株から債券投資に流れやすい。
   　加えて、イールドカーブ（利回り曲線）──短期金利と長期金
   利の差──がフラット化していた。振り返ると、不況の前には長
   短金利がしばしば逆転した。

   　ちょっと立ち止まろう。ウォール街で最も尊敬されていてフォ
   ローする人が多い会社やアナリストの一部は、10年物国債の利回
   りが３％を超えるとどうなるかを何カ月も前から警告していた。イ
   ンフレは企業収益をむしばみ、金利が上昇すると株式市場から資

金が流出する。そして、逆イールドカーブになると、不況に陥りかねない。合理的な投資家なら、これらのニュースを読んで、「これは素晴らしい。これなら負けようがない！」とは思わないだろう。

　急落によって、４期間RSIは30を下回った。さらに、恐怖はほかにも広がり、損を恐れる資金が市場から逃げ出し、買い手が様子見をしたため流動性が落ち込んだ。次のチャートから、売りは１日しか続かなかったことが分かる。予想されていた何週や何カ月ではなく、１日だ。

例2.6　SPDR S&P500ETFトラスト（SPY）

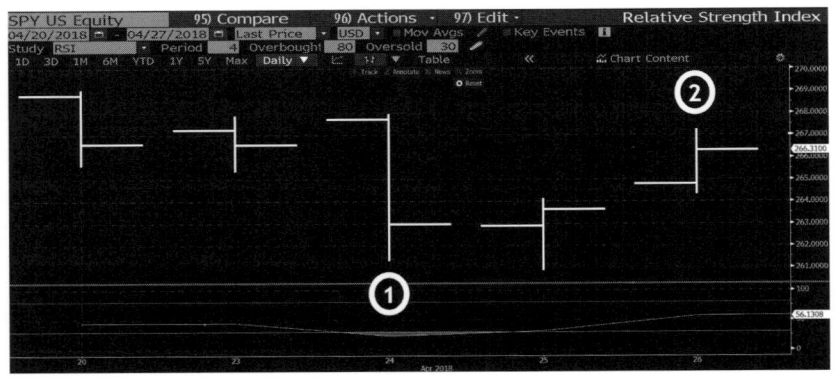

出所＝ブルームバーグ・ファイナンス（ブルームバーグ・ファイナンスの許可を得て使用）

2．市場に恐怖が広がり、トレードの機会が生まれた。平均株価が200
　　日移動平均線を上回っているときにRSIの値が30を下回り、1993
　　年以降の90％以上と同じく、素晴らしい仕掛けポイントとなった。
　　そして、恐怖の高まりのなかで買った人々は報われた。SPYは回
　　復し、ダウは300ポイント近く上げた。そして、2日後に手仕舞い
　　シグナルが点灯して、利益を確定できた。

　　　1993年以降、私たちはSPYでこの種の動きを見てきた。4期間
　　RSIが大引けで30を下回ったときに買い、25で買い増した。これ
　　ら202回のうち、4期間RSIが55を上回って引けたときの90.59％
　　でSPYの価格は上げて引けた。恐怖がしばしばもっと高まってい
　　て、RSIパワーゾーンで25／20を使ったときは147回あった。これ
　　らのうち、大引けで手仕舞ったときの92.52％で価格は上昇した。

学んだ教訓

1. ほぼすべての急落には理由がある。その理由が大きな意味を持っているほど、都合が良い。その理由が広まるほど、都合が良い。市場で恐怖が生じる際に有名な会社やアナリストの影響があるほど、都合が良い。「恐怖の高まりは私たちにとって都合が良いのだ！」

2. 終値が200日単純移動平均線を上回っているときに、RSIパワーゾーンで4期間RSIの値が30を下回り、さらに売りが続くときには買い増す。これを定量化すると申し分のない結果が得られた。恐怖が市場で高まったときに「より強い資金」が入ると、過去四半世紀にわたってS&P500をトレードした回数の90％以上で短期的に価格が上昇した。

3. これらのいつも生じる短期的なエッジはテクニカル指標が作り出しているわけではない。このエッジは心理的な要素、特に恐怖が市場に広がっているときに生じる。そこで、恐怖がいつ高まって売りが膨らんだのかを一貫して指摘してくれるツールを使って、その心理状態を定量化したいし、そうする必要がある。この恐怖が収まったら、特に長期の強気相場ではほとんどの場合、再び買いの勢いが強まる。4期間RSIの値が30を下回るといった指標の水準を発表しても、市場の恐怖に影響を及ぼすことはない。私たちは最初に15年前に、次には10年前にRSIの水準を発表した。2009〜2017年の過去データによる検証では、特に長期の強気相場にあったことと、今日のメディアの報道が事態をさらに悪化させるおかげで、結果はもっと良くなった。恐怖はいつでも市場に広がる。この恐怖の高まりで買うのは、特に株価指数の価格にゆがみが生じるからだ。

4. 私は本書を通して、この点について念を押し続けるつもりだ。過去データの検証で91％が正しかったということは、9％が間違っ

ていたことを意味する。たしかに、10回のうち9回以上で正しかった。だが、この指標がけっして完璧ではないという事実は尊重しなければならない。あとで、ポジションのリスクを抑えるさまざまな方法を検討する。

5. 最も重要なのは、恐怖は人間に本来、備わっている感情であるということだ。第1章で述べたように、ジョージ・パットンはこの事実を1世紀近く前に気づくほど優秀だった。恐怖はすべての兵士が持っているものであり、それは歴史を通じて変わらなかった、とパットンは言った。最も勇敢な兵士でも昔から恐怖を経験していたのであれば、同じことはマネーマネジャーやトレーダーにも当てはまるといって間違いないだろう。

第3章
クラッシュ戦略

Crash

「大豆で100万ドルを儲けたと思っていると、突然ドカーンとやられる。子供は大学には行けず、ベントレーは差し押さえられる」——ルイス・ウィンソープ3世（映画『大逆転』より）

・・・・・・・・・・・・・・・・・・・・・・・・・・・・・・・・・・

　これは強欲についての話だ。特に強気相場のときに、ウォール街でよく繰り返されている話だ。大金を儲けて、もっと儲けたいと考える話だ。そして、ほかの人が大金を儲けているのを見ている人々の話だ。彼らはFOMO（Fear Of Missing Out、機会損失の恐れ）という心理が働くせいで、うろたえる。

　極端な強欲が広がると、証券価格はしばしば途方もなく上がる。特に、合理的な人々が一時的に強欲になり、われを忘れて考えもなく買うときにそうなる。しかし、市場の歴史が示すように、上がったものは必ず下がる。そして、強欲の反対側に立つ抜け目ないトレーダーが大金を儲けてきた。クラッシュ戦略は、合法的に強欲な人々からお金を奪う戦略だ。

　クラッシュ戦略とは「強欲の高まりで売る」戦略だ。この空売り戦略は、過去9年の強烈な強気相場にもかかわらず、個別銘柄で強欲が極端に高まったときを着実に見極めて特定してきた。そして、その大部分で価格はほぼすぐに反落した。

　この戦略は単純で、簡潔で、堅牢だ。だが、これは心理的に最も難しいトレード戦略でもある。

　この戦略に基づくトレードの実行はほとんどのトレーダーにとって非常に難しい。空売りをする銘柄は通常、急騰しているからだ。しか

も、これらの銘柄の多くは投機筋やニュースメディアやソーシャルメディア、それに膨大な空売りの買い戻しによって上昇している。これらの銘柄は「華々しい話題株」であることが多い。そして、華々しい話題株は投資家、トレーダー、投機筋の最も強欲で最悪の部分を呼び起こす。理性は吹き飛ぶ。時にはこれらの買い手が正しくて、さらに上げ続けることもある。だが、彼らはたいてい間違っている。信じがたいが、これらの銘柄を急上昇したあとに買うという彼らは判断は7割以上の確率で間違っている。

　これらの理性を失った買い手が強欲だけで買っているとき、勝つのはだれだろうか。それは強欲が極端に高まっていると分かっている賢明なトレーダーだ。彼らは短期的な強欲から生じたバブルに対して、喜んで空売りをする。

　伝説的な著者であるジャック・シュワッガーは、『**続マーケットの魔術師**』（パンローリング）でジミー・バロディマスというプロのトレーダーにインタビューをしている。シュワッガーが著書のなかでインタビューをしてきたトレーダーのほとんどは、強く興味をそそられる話をしてきた。しかし、ジミー・バロディマスの話は最も興味をそそるもののひとつだった。彼はその時点で、利益のほとんどを「トレーダーの強欲を利用し」て得た唯一のトレーダーだったからだ。強気相場がどれほど強くても、彼は適切なときに仕掛けて、強欲を利用して一貫して空売りを実行してきた。強気相場では、ほとんどの空売り筋が屈する。だが、彼はインタビューをされた時点で、強欲で理性を失った買い手に対して適切なときに空売りをして、それまでに何百万ドルも稼いだという話だ。シュワッガーの推測どおり、一貫してそんなことができる人がいると言われても、ほとんどのプロは疑うだろう。だが、バロディマスはそれを成し遂げただけでなく、シュワッガーの息子が彼の助手として長年働いている間にも、それを目撃していた。

　インタビューを読めば、際立っていることがひとつある。バロディ

マスは強欲の高まりで買われ過ぎとなった状況で成功したのだ。そして、たとえ価格が彼のポジションに逆行して上げ、強欲がさらに増したときでも、恐れずにいっそうの攻勢に出た。彼は強欲の高まりで空売りをして、生計を立てていた。

　私たちのほとんどは彼とは異なり、天性の才能がないので、極端な状況でも彼と同じように確信を持って空売りをすることはできない。私たちはもう一歩進めて、厳密に定量的なルールを規律正しく使い、これらの時期を特定する必要がある。

　本書は定量的な検証結果で評価される行動ファイナンスを組み合わせている。そして、それがまさにこのクラッシュ戦略で行っていることだ。行動ファイナンスに関する要素がエッジ（優位性）を生み出すため、これは非常に重要だ。クラッシュ戦略のほとんどのセットアップには「群衆心理」が関係している。この心理が働いていると、極端に買われ過ぎの状況になる。ここで行動ファイナンスと定量的な検証結果を組み合わせた規律あるルールが役に立つ。

　では、クラッシュ戦略のルールに移ろう。次に検証結果を見たあと、セットアップの例を見る。あなたはこれらの例に目を見張るだろう。また、それらは戦略をよく理解する助けにもなるだろう。もっと重要なことは、この戦略に従ってトレードをしているときに何を期待すべきかが分かるということだ。この種の株の空売りを勧める本はほとんどない（通常はその正反対だ）。しかし、定量的な検証結果では、過去10年間にこれらの株が全体として、頼りになる空売り候補だったことが確かめられている。

　ルールは次のとおりだ。

1．株価の終値は1株当たり5ドルを超えていなければならない。
2．過去21取引日の平均出来高は1日当たり少なくとも100万株なければならない。これによって、その銘柄に流動性があることが確か

めGられG。

3. 株式の100日ヒストリカルボラティリティ（年換算）は少なくとも100%なければならない。これによって、最も値動きの激しい銘柄だけに焦点を合わせて空売りをすることができる。また、私たちはヒストリカルボラティリティがこれよりも低い水準（60%と80%）についても検証をした。それらの結果も良く、合わせて載せている。ヒストリカルボラティリティが高くなるほど、勝率で見ても1トレード当たりの平均利益で見ても、検証結果は良くなった。これはおそらく、ボラティリティが極端に高くなると、理性を失った行動をするトレーダーがさらに引き寄せられやすいため、群衆心理がいっそう強く現れるからだろう。読者が検討できるように、追加情報の項目にこれらの検証結果を載せておく。

4. コナーズRSI（CRSI）の値が大引けで90以上になっている。私たちは数年前にコナーズRSIのアルゴリズムを書いたときよりも質の高いセットアップにするために、極端な水準に達しにくくしたかった。株式かETFでこの値が90を上回るときは、極端な買われ過ぎであることを意味する。だからと言って、これで必ずしもすぐに反落するというわけではない。単に、飽くことなく買われ続けていて、全体として見れば短期的に反落する可能性が高いということが分かるだけだ。

5. 翌日により高い位置の高値に指値注文を置いて、その銘柄を空売りする。私たちは3%上と5%上に指値を置いた場合で検証した。欲の深い人はさらに強欲になり、機会を逃すことを恐れる感情が強まる。そして、空売り筋は踏み上げに遭う。そここそが空売りをするときだ。

6. 手仕舞いはコナーズRSIの値が30を下回って引けたときだ（20を下回って引けたときの検証結果も含めている）。これによって狼狽売りがしばしば起きるため、バブルがはじけて、強欲な資金は損

失を恐れる資金に変わる。これは、統計的に見て、バブルがはじけたときの典型的な動きだ。

表3.1は2007〜2017年に、コナーズRSIの値が30と20になったときに手仕舞った検証結果だ。

表3.1　クラッシュ戦略でコナーズRSIが20と30で手仕舞ったとき

何％上に指値を置いたか	コナーズRSI手仕舞い時の	トレード数	勝率	平均損益率	平均保有日数	勝ちトレードの平均利益率	平均保有日数	負けトレードの平均損失率	平均保有日数
5%	30	527	71.73%	5.00%	4.15	11.68%	3.04	-11.97%	6.97
3%	30	719	71.49%	3.96%	4.32	10.53%	3.07	-12.53%	7.44
5%	20	510	73.33%	6.99%	11.85	16.68%	8.71	-19.65%	20.48
3%	20	685	70.22%	4.41%	12.41	15.35%	8.62	-21.40%	21.33

例3.1　オーバーストック・ドット・コム（OSTK）

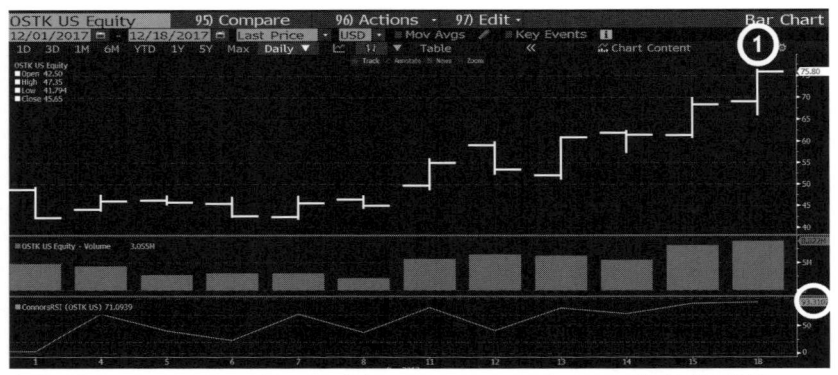

1. 仮想通貨熱が高まっている！　オーバーストック・ドット・コム
   （OSTK）は伝統的な事業を行っている会社としては無名（これは
   控えめな言い方）だが、再びニュースで取り上げられていて、株
   価は8取引日で70％以上も上げた。この会社はブロックチェーン
   による支払いサービス関連のスタートアップ企業を子会社に持っ
   ている。しかも、仮想通貨とブロックチェーンに関することは今、
   どんなことでも人気化している！　1日前にブロックチェーン関
   連の子会社、ユニット・ゼロは2億5000万ドルのトークンセール
   （仮想通貨による資金調達）を開始し、トレーダーや投資家はオー
   バーストック株に殺到していた。

   それに加えて、空売り筋は狼狽していた。1週間前に、ナスダ
   ック証券取引所は、この銘柄の売り残が浮動株の32.4％から40％
   以上に増えたと報告していた。この銘柄の100日HV（ヒストリカ
   ルボラティリティ［年換算］）は102.5％と非常に高く（図示せず）、
   コナーズRSIの値は93で、クラッシュ戦略にとって完璧な状況だ
   った。

   余談になるが、私はこの日のことをはっきりと覚えている。私

の当時19歳だった息子が大学の休暇で家に戻ってきていた。そして、その晩は息子の高校時代の同級生たちも家に集まっていた。私が挨拶に出ていったとき、彼らの１人がビットコインに「投資している」と私に話した（彼は余暇に食品スーパーのトレーダー・ジョーズで働いていた）。彼が話している最中に、少なくともほかに３人が、自分もだ、と言った（１人は自分も投資しているはずだと言った。彼はほかの人に「ビットコインを管理して」もらっていた）。

　この時点で、ビットコインやそれに関することは短期的にはもうすぐ終わるということが分かった。あなたも私も業界のだれでも、クラッシュ戦略の指標やほかの指標は必要なかった。だれかの反対側のポジションを取るために良いタイミングを探しているのであれば、息子の高校時代の４人の仲間から始めるのが良い。

例3.2　オーバーストック・ドット・コム（OSTK）

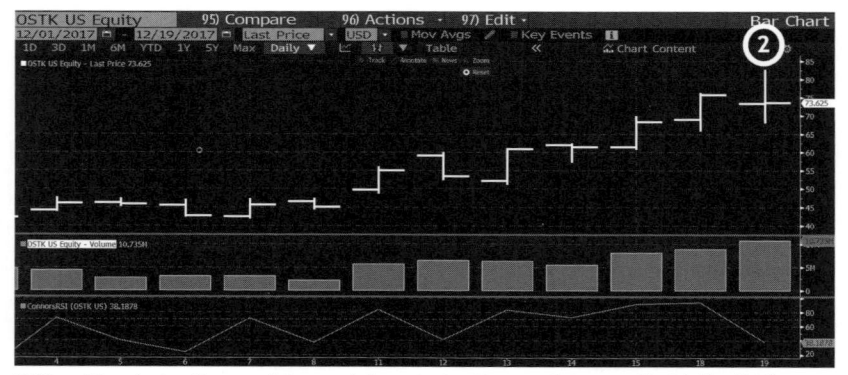

出所＝ブルームバーグ・ファイナンス（ブルームバーグ・ファイナンスの許可を得て使用）

2．その翌日、この銘柄は日中にさらに5％上げて、2週間弱で75％
　以上の上昇を達成した。上昇中の79.59ドルで、クラッシュ戦略の
　シグナルが点灯し、午後になって下落した。

例3.3 オーバーストック・ドット・コム（OSTK）

出所＝ブルームバーグ・ファイナンス（ブルームバーグ・ファイナンスの許可を得て使用）

3. 素晴らしいことも、いつか必ず終わる。ビットコインのバブルも
はじけた。ビットコインは翌日に急落して、ほかの「すべての仮
想通貨」も下げた。この銘柄は69.50ドルで引けて、クラッシュ戦
略による1日のトレードで10％以上の利益が出た。ビットコイン
を保有して「損するわけがない」と思っていた大衆は、クラッシ
ュ戦略のシグナルの点灯後に、ビットコインとオーバーストック
株の価値の50％以上が失われるのを眺め続けた……。

例3.4　ビットコイン/米ドル（BTC）

　このチャートで天井を付けているバー（日足）は、息子の高校時代の同級生が私の家に集まった日を示している。あなたの子供たちに野心的で若い友人がいて、投資で確実に金持ちになれるカギを見つけたと言っていたら、そのトレードの逆に賭けるのが儲ける秘訣かもしれない。

　バイオテクノロジー株や買収のうわさがある銘柄は思惑で買われることが非常に多いので、空売りをするのはいつでも心理的に最も難しい。しかし、思惑買いは不合理な株価を生みやすく、統計的に見ると短期トレードのエッジが生じる。

例3.5　インスメッド（INSM）

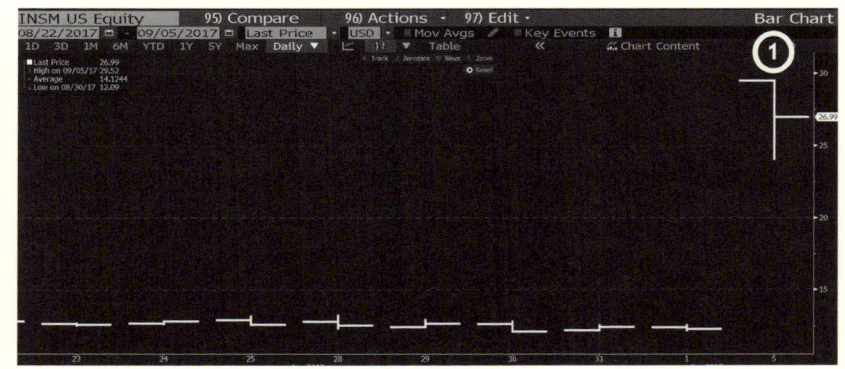

出所＝ブルームバーグ・ファイナンス（ブルームバーグ・ファイナンスの許可を得て使用）

1. この例で、インスメッドは肺感染症の治療薬でFDA（食品医薬局）から承認を得た。このニュースで株価は急騰した。

例3.6　インスメッド（INSM）

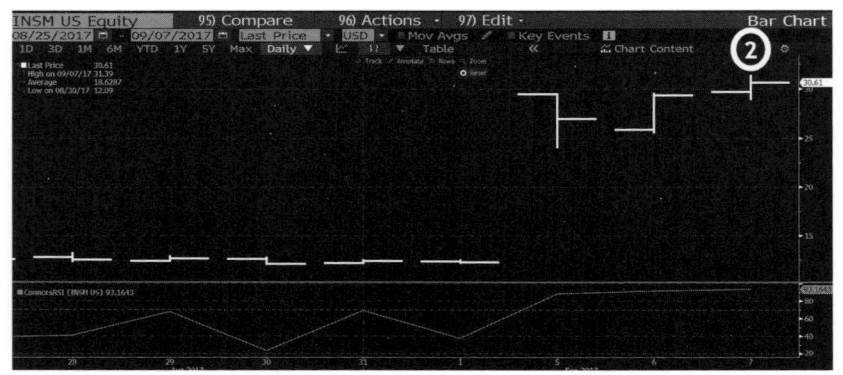

2．この場合、エッジが生じるかどうかは、単に大幅上昇が行きすぎ
　ているかどうかという問題にすぎない。この種の極端な上昇は、し
　ばしば思惑買いや買収のうわさによって起きる。指値で空売りを
　する。

例3.7　インスメッド（INSM）

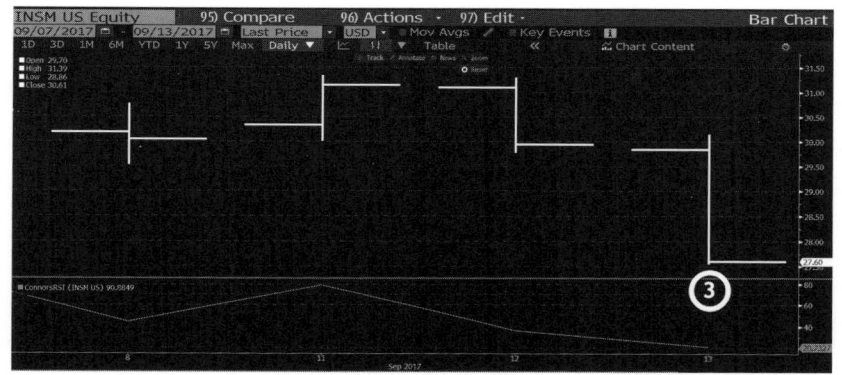

出所＝ブルームバーグ・ファイナンス（ブルームバーグ・ファイナンスの許可を得て使用）

3．やがて、利食い売りが始まり、30ドル以上の高値になって買った
　　人は今や含み損を抱えている。そのせいで、売りがさらに増えた。
　　2〜3日で10.5％以上も下げて、私たちは利益を確定する。

HTGモレキュラー・ダイアグノスティクス（HTGM）は、分子プロファイリングのサービスやそれに使う器具類を提供する会社だ。この会社は一度も営業利益を出していなかった。

例3.8　HTGモレキュラー・ダイアグノスティクス（HTGM）

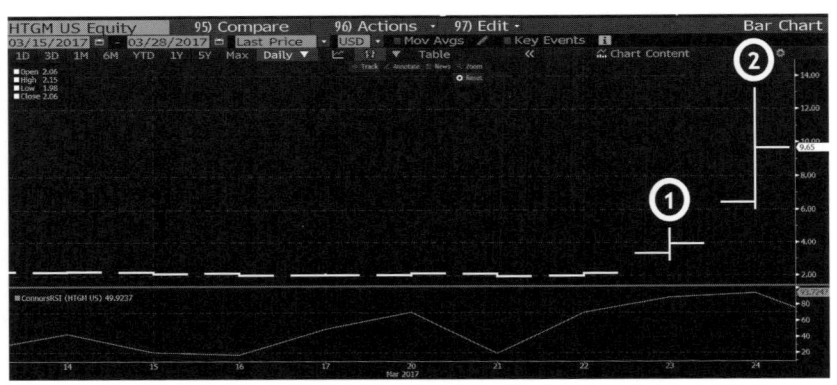

出所＝ブルームバーグ・ファイナンス（ブルームバーグ・ファイナンスの許可を得て使用）

1．この会社は2017年３月23日に、自社の新技術を他社の技術に適用することに成功したと発表した。インターネット上の掲示板では、確実に利益になるという話から、買収されるのではという話まで、あらゆる憶測で大騒ぎになった。コナーズRSIの値は88で引けたので、まだセットアップにはなっていない。

2．株価は日中に200％以上も上げたあと、買収されるという思惑で、翌日にはさらに66％上げた（どうかしている！）。コナーズRSIの値は94で引ける。株価が次の取引日の日中に５％上げたら、指値による空売りのシグナルが点灯する。

　　投機筋や株主は大きく儲ける夢を見ながら、週末を過ごす。そして、機会損失を恐れる人々は一生に一度のチャンスを逃していると気づいて週末を過ごす。彼らは買わなければいけない、と知っている！

例3.9　HTGモレキュラー・ダイアグノスティクス（HTGM）

出所＝ブルームバーグ・ファイナンス（ブルームバーグ・ファイナンスの許可を得て使用）

3. 月曜日の朝。思惑買いが最高潮に達して、株価は20％以上、ギャップを上に空けて寄り付いた。寄り付きにクラッシュ戦略のシグナルが点灯して、バブルがはじけた。

　　週末から見られたこの値動きは、もともと1980年代後半にテクニカル分析の偉大な先駆者の１人であるラリー・ウィリアムズが紹介したものだ。彼はウップスと名付けた週末からのギャップの影響に基づいて、非常にうまくいく先物戦略を考案した。

　　ウップス戦略では、先物市場で月曜日の朝にギャップを空けたときに、その反対側にポジションを取った。この反転でのトレード戦略を支える考えは心理的なものだった。買い手（あるいは売り手）はニュースになるようなイベントのせいで、しばしば週末に感情が積もりに積もる。そして、彼らのせいで月曜日の朝の価格は行きすぎることが多い。恐怖（あるいは強欲）は月曜日の朝に最も高まる。そして、ギャップを空けて寄り付いた価格はしばしば急反転する。

　　ここの例では、トレーダーたちはHTGモレキュラーのことを考えて、いっそう興奮しながら週末を過ごしてきた。これらのトレ

ーダーたちの反対側に立つプロは愚かではない。彼らはこの買い
が入ると分かっているので様子見をして、できるだけ高く寄り付
くようにする。それから、この強い買い需要に対抗して売る。こ
れこそが月曜日の寄り付きにまさにこの銘柄で起きたことだ。

例3.10　HTGモレキュラー・ダイアグノスティクス（HTGM）

出所＝ブルームバーグ・ファイナンス（ブルームバーグ・ファイナンスの許可を得て使用）

4．その翌日も売りが続いて、株価はギャップを下に空けて下げて、7.30ドルで引けた。これは前日の寄り付きから40％近くの下落だった。コナーズRSIの値は30を下回ったので、買い戻して利益を確定するときだ。本書を書いている2018年の現在（1年以上あと）、この銘柄は四半期決算でいまだに利益を計上していないし、思惑とは異なり、買収もされなかった。そして、株価は2017年3月にクラッシュ戦略を用いたときの水準よりも70％以上も下げている。

　付け加えておきたいことがある。私たちはクラッシュ戦略のシグナルが点灯したあとも、株価が長く下げ続けた2つの例（OSTKとHTGM）を見てきた。だが、クラッシュ戦略は強欲を利用して空売りをするという、心理状態を定量化した短期トレード戦略だ。これは空売りをして、株が無価値になるまで保有する戦略ではない。

　私たちは強欲が最も高まったときに仕掛けて（これまでの2つの例で分かるだろう）、株価が下落したときに利食いをする。もちろん、さらに大きく下げる銘柄もあるが、もっと高くなる銘柄も多い。私たちは長期間、これらのポジションを維持することを目

標にしてはいない。目標は、売りが入る前に、極端に買われるまでルールに従って待つことだ。クラッシュ戦略は2007年以降のシグナル数の70％以上でうまくいった。

追加情報

表3.2　ヒストリカルボラティリティが最低で60%と80%、コナーズRSIの値が30で手仕舞ったときのクラッシュ戦略

仕掛けるときの100日HVの水準	何%上に指値を置いたか	コナーズRSI手仕舞い時の	トレード数	勝率	平均損益率	平均保有日数	勝ちトレードの平均利益率	平均保有日数	負けトレードの平均損失率	平均保有日数
60	3%	30	2420	68.02%	2.04%	4.9	7.79%	3.3	-10.18%	8.28
80	3%	30	1296	69.68%	2.96%	4.59	9.19%	3.23	-11.36%	7.74
60	5%	30	1500	69.87%	2.88%	4.75	8.80%	3.28	-10.84%	8.15
80	5%	30	892	70.96%	3.87%	4.39	10.14%	3.15	-11.47%	7.42

表3.3　ヒストリカルボラティリティが最低で60%と80%、コナーズRSIの値が20で手仕舞ったときのクラッシュ戦略

仕掛けるときの100日HVの水準	何%上に指値を置いたか	コナーズRSI手仕舞い時の	トレード数	勝率	平均損益率	平均保有日数	勝ちトレードの平均利益率	平均保有日数	負けトレードの平均損失率	平均保有日数
60	3%	20	2333	68.07%	2.74%	12.57	11.21%	8.74%	-15.32%	20.72
80	3%	20	1240	69.11%	3.40%	12.49	13.18%	8.75%	-18.47%	20.84
60	5%	20	1467	69.87%	4.32%	12.16	12.80%	8.70%	-15.34%	20.21
80	5%	20	866	71.82%	5.44%	11.99	14.59%	8.79%	-17.90%	20.14

1．2007～2017年の間に、S&P500トータル・リターン・インデックス（SPXTR）は11年のうちの10年で上昇した。2009年以降、このインデックスは9年連続で上昇している（配当を含む）。だが、上昇傾向が強かったこの時期に、クラッシュ戦略ではシグナル数の70％以上で利益を出し、1トレード当たりの平均利益もプラスだった。

2．前に述べたように、私たちは戦略の堅牢さを確かめるために、ヒ

ストリカルボラティリティ（年換算）が低い水準（60％と80％）
でも検証をした。個々の銘柄のボラティリティが低いため、ボラ
ティリティが最も高い銘柄と比べると、検証結果ではトレード数
が増えてエッジはわずかに落ちた。

　仕掛けでのヒストリカルボラティリティの水準を引き上げるほ
ど条件は厳しくなるため、形成されるセットアップ数は少なくな
り、リターンは高くなる。ヒストリカルボラティリティの条件を
緩めると、トレード数は増えるが、リターンはわずかに低くなる。
全体として、100日ヒストリカルボラティリティで測ったときの株
価が行きすぎるほど、動いている感情は激しい（これは直観的に
見た話）。私たちはこの感情が理想的にはできるだけ激しくなるこ
とを望む。統計では、このときに最も大きく反落しているからだ。

3．クラッシュ戦略の対象となる銘柄は急騰する銘柄だ。これらの銘
柄がけっして下がらないとされる理由として、通常は好材料（し
ばしば途方もないもの）がある。画期的な技術、なくてはならな
い製品、無限の成長可能性、買収されるといううわさ（これは多
い！）、それに多くの憶測（ニュースやネットで行われている情報
操作を含む）によって、これらの銘柄は維持できない水準まで上
昇する。しかし、検証結果から分かるように、これらの大多数は
やがて元の株価に戻る（クラッシュ［急落］する）。そして、適切
なときにこれらを空売りした人々が勝ち組になる。

4．2007〜2017年の11年間でシグナル数の70％が正しくて、1トレー
ド当たりの平均利益がこれほど高い空売り戦略を、私たちはほか
に知らない。これらの年の多くは、市場全般が大きく上昇した。そ
れにもかかわらず、クラッシュ戦略ではシグナル数の70％以上で
下落を正しく予測した。では、下落相場が続いたらどうなるかを
想像してほしい。

5．検証結果には借り株をする（空売りをする）場合と、損切りの逆

指値を使う場合は含まれていない。これら両方に対処するために
ディープ・イン・ザ・マネーのプット（デルタが－80以上のプッ
ト）を買う場合、本書中の戦略ではこの戦略を用いるのが最も良
いかもしれない。その理由は5つある。

a．空売りをする場合、どんな戦略であろうと、リスク額を事前に
　　決めることはできない。だが、プットであれば損失額を事前に
　　決めることができる。それはプットを買うときの総費用だ。流
　　動性の高いオプションを利用できれば、この戦略でそれを利用
　　したほうがよいかもしれない。これによって、クラッシュ戦略
　　（あるいはどんな空売り戦略でも）が間違っているときに、無限
　　大のリスクから身を守ることができる（負けトレードから分か
　　るように、クラッシュ戦略が間違っているときには、大きな損
　　失が出ることがときどきある）。

b．プットを買う場合には、貸し株を利用できるかどうか心配する
　　必要がない。

c．株価が大きく下げた場合は特に言えることだが、ディープ・イ
　　ン・ザ・マネーのプットは株価の動きをかなり忠実に再現した
　　動きをする。デルタ－80のプットはよりディープ・イン・ザ・
　　マネーになり、満期日に近くなるほど、デルタ－100に近づく。

d．これらの株式はボラティリティが非常に高いので、オプション
　　の売買スプレッドは開きがちである。注文には工夫が必要かも
　　しれない。幸いなことに、あなたは自分のトレードの反対側に
　　流動性を供給している。これは原資産である銘柄の株価が高く
　　なるほど、そのプットの価格がしばしば下がることを意味する。
　　プットの価格が下がっているときにプットを買うことで、あな
　　たは流動性を供給しているのだ。

e．ヒストリカルボラティリティ（年換算）が100％の銘柄で、コナ
　　ーズRSIの値が20になったときに手仕舞った場合の勝ちトレー

ドの平均利益を見てほしい。勝ちトレードの平均利益は15％以上あり、手仕舞いシグナルが点灯したときに、それらの銘柄では平均して15％以上の利益が得られた。これはポジションを2〜3週間しか維持しないトレードとしては明らかに大きな利益だ。そして、これは株価がここまで極端な水準に達したあとにこれらの銘柄を買う人々がいかに理性を失っているかをはっきりと示している。

クラッシュ戦略は、私たちが生み出した短期の空売り戦略のなかで最も優れたものだ。強欲が増したときに売る手法は定量化されていて、人間の行動が変わらないかぎり、これらのトレード機会はおそらく今後も長年にわたって生じ続けるだろう。

第4章
ボラティリティのトレード
Volatility Trading

「勝兵はまず勝ちて、しかる後に戦いを求む」――孫子

VXXの簡単な歴史とクイズ

　2009年1月29日のことだ。証券コードがVXXという魅力的な金融商品が上場されると発表された。この魅力的な新証券は、ボラティリティが大きくなったときに「ポートフォリオを守る」ことを目的としたものだ。

　昨年（2008年）の惨状を振り返ると、あなたが株を買っていたら、VXXのような証券を持っていたら良かったと思ったに違いない。この証券はETN（指標連動証券）というカテゴリーに属する新しい形の保険で、常にVIX先物を買っている。VIX先物では、インプライドボラティリティが高くなってくるときに保有していれば利益が出る。VXXは、理論的にはこれとまったく同じ効果があることになっている。この新しい証券を持っていて、昨年と同じようにボラティリティが大きくなった場合、自分のポートフォリオがヘッジされるか、さらに良いことには利益がひょっとするとたっぷり得られる、と考えられている！これは良いニュースだ。

　では、この1年後を見てみよう。この新しい証券は大きな注目を集めている。しかし、上場されてから価格は65％以上も下げている。だが、この12カ月がひどかっただけかもしれない。だが、この痛みはこ

の後も続くことになる。

　それでは、ほぼ3年後の2011年末にどうなったかを見てみよう。この魅力的な新商品は今や、上場後に価値の90％以上を失っている。そして、この商品はどこかに問題がある、と主張する記事がたくさん書かれている（私たちのリサーチ会社もこうした調査記事をいくつか公表した会社の1社だ）。それにもかかわらず、この商品はいまだに大量に取引されている。どんな取引でも買い手と売り手がいなければ成立しない。では、一体、だれが本気でこれを買っているのだろうか？

　ここで、5年後の2014年末に飛ぼう。この商品は上場以来、価値の99％以上を失った。2009年以降のどの年でも下げている。

　では、上場して8年後の2017年12月31日を見てみよう。1日の平均出来高は約3000万口ある。そして、今では価値の99.99％を失っている。価格はこれまでに5回、4対1で併合されて、高値に設定し直されてきた。併合とは会社が価格をX倍にして（VXXは常に価格を4倍にしている）、保有者の持ち株の量を減らすことだ。例えば、VXXの価格が1口8ドルで、1000口を買っている場合、4対1の併合によって価格は一晩で32ドルに上がるが、保有している口数は250口に減る。価格は4倍になり、口数は4分の1に減る。

　あなたはおそらく、こうした証券がなぜ併合され続けるのか、疑問に思っているだろう。主な理由は取引され続けるためだ。この場合、併合し続けないかぎり、価格は絶え間ない下落で、最終的には1セント以下になるだろう。併合で助かる主な関係者には「運用手数料」を受け取るVXXの発行者と、継続的な日々の取引活動で手数料を稼ぐ証券会社がある。

　VXXの価格がどういう動きをしてきたか分かったので、2011年に戻ろう。あなたは2009年以降にこの商品で何が起きたのかを見た。また、「VXXは無価値になるように作られている」と言うリサーチを読んだことがあるかもしれない。

そこで、クイズを出そう。

この証券に何が起きたかを見たあとの2011年にあなたは、

①この証券を買う方法を探すだろうか。

それとも、

②この証券を空売りする方法を探すだろうか。

どちらをしたいだろうか。買うほうだろうか、売るほうだろうか。すべての取引には買い手と売り手が必要だ。どちらの側に立ちたいだろうか。

私は99.9999％の人が②を選んでいると思う。

では、2014年に飛ぼう。私たちはVXXの価値がとどまることなく失われていることを知っている。上場以来99.9％下げていて、毎年損をしている。正気の人なら、だれもこんな証券は買わないと、あなたは思うだろう。だが、そうではない。出来高は増えている。実際には人気が高まっているのだ！　価格は99.9％以上も下げているのに、いまだに毎日買い手がいるのだ！

では、2問目のクイズだ。

今は2014年だとする。

①あなたはVXXを買うだろうか。

それとも、

②VXXを空売りするだろうか。

3問目のクイズだ。

さて、上場して8年後を見てみよう。今は2017年だ。VXXは2009年以来、併合を5回行っている。価格は上場されてから99.99％下げていて、今年の1日平均出来高は史上最高に達した。

このクイズに対して、あなたは②と答えたと思う（ここで①と答えたのなら、この本を閉じるときだ）。

この時点で、VXXは本質的に方向性にバイアスがあると分かっており、そうでないと証明されるまではどんどん下がる一方なのである。

　私や私が知っているほぼすべてのプロのトレーダーにとって、この証券にまだ毎日、買い手がいるのは驚きだ。VXXは（2011年ごろに私が考えていたように）消えていないだけでなく、ますます人気が高まっている。

　VXXは当初、ボラティリティが大きくなったときにポートフォリオを守るヘッジのために売られていた。これは2008年の相場の急落を受けて、市場に投入された商品だった。とは言え、本質的には、これは実際には（意図せずに）無価値になるように作られた、構造的に欠陥がある商品だ。たしかに、VXXは時には上げた。特に、2011年8月と2015年第4四半期、それに2018年の2月と3月には上げた。しかし、全体としては、これは投資家や投資顧問会社にとってお金はかかるが、ヘッジ目的で買う商品になっていて、今後もそれは変わらないだろう。

　短期的にVXXが上げる一時期に身を守るために加えて、VXXをトレードするための定量的な2つの方法を説明する前に、まずVXXが下げてきた理由を見ておこう。理由は2つある。

　1つはいつも議論されていることだが、2つ目の理由は私の考えでは重要だ。それはVXXの構造的側面であり、これによって価値が落ちてきた理由が理解できる。この点を見たら、次は心理状態にかかわる要素、つまり、だれがVXXを実際に買っていて、なぜそれを買っているのかを見ていく。これによって、VXXがどうしてそういう動きをするのかが完全に理解でき、2つの戦略を用いることができるようになる。1つ目は短期のパニック戦略であり、2つ目は今後9年もそれまでの9年のような動きであれば行えるトレンドフォロー戦略だ。

VXXの仕組みを理解する──どうして無価値になるように作られているのか

　多くの人はVXXが価値を失う主な理由は順ザヤだからだと思っている。順ザヤについてはすぐに説明する。だが、私の考えでは、それは理由の1つにすぎないということを覚えておくことが重要だ。2つ目の理由も最初の理由と同様に重要であり、それらを組み合わせると、VXXがどうして価値を下げるのかが分かる。これら2つの理由を説明する前に、VXXがどういう構造なのかを理解しておく必要がある。

VXXの仕組み

1つ目の理由──順ザヤ（コンタンゴ）

　ウィキペディアでは順ザヤを次のように説明している。順ザヤとは、ある商品の先物価格（あるいは先渡し価格）のほうが、納会に予想されている現物市場の価格よりも高い状態である。順ザヤのときには、裁定取引業者や投機筋（実需筋でない投資家）は、「将来のある時点の商品に対して、実際に予想されている価格を［将来のその時点で］払うよりも、より多くの金額を［今］進んで支払う」。

　簡単に言うと、VIX先物が順ザヤなら、つまり、VIXの次の限月の価格よりも期近の価格のほうが安ければ（20年以上にわたって、大半の取引日でこうなっている）、VXXを次の限月に乗り換えるときには（継続的にそうしなければならない）、安値で売って高値で買うことになる。

　次に簡単な例を出そう。

　VIX5月限の先物は14ドル。

　VIX6月限の先物は15ドル。

　VIXを5月限から6月限に乗り換える必要があるときには、14ドル

で売って15ドルで買う。さて、2009年以来の取引日のほとんどでこの取引を行うと想像すれば、長い目で見てこれは勝てる状況にはならないと考え始めるだろう。

VXXは期先に乗り換え続ける必要があるため、しばしば損失が発生する。たしかに、特に重要なイベント前や市場に恐怖が広がっているときには、VIX先物は上昇するため、乗り換えで利益が出るときもある。VIXはマネーマネジャーのための保険であり、彼らがポートフォリオに保険をかける必要があると感じたとき、VIX先物は最も簡単な方法の１つになる。しかし、全体的には乗り換え費用のせいで、VXXの価値は低下する。この乗り換え費用は平均で月に４％と推定されている。これは、VXXがこれらの費用のために、月に約４％損をすると予想できることを意味する。

注 検討すべきことはほかにもある。背後にある数式は数学的に複雑だ。そのため、「限月間の価格差」や「ロールイールド（期先への乗り換えによる損益）」がどういう働きをするのかについて、オンラインでさまざまな議論がなされている。詳しいことを知りたい人は、オプションのストラテジストであるラリー・マクミランによる「ミスアンダスタンディングズ・アバウト・ザ・VIXフューチャーズ・ターム・ストラクチャー（Misunderstandings about the VIX Futures Term Structure [https://www.optionstrategist.com/blog/2016/Q4/misunderstandings-about-vix-futures]）という分かりやすい記事から始めるとよい。

では一歩進んで、これを事業と見てみよう。月に４％の損失を出す事業はあまり長く続かない。だが、この場合に限っては、併合と他人のお金を使うことで、VXXは９年間上場され続けている。そして、併合ができて、買い手を見つけられるかぎり、VXXは今後も長く上場を維持できる。

2つ目の理由──ボラティリティ商品のプレミアム

1つ目の理由は、VXXの価値が低下する一般的な理由だ。しかし、2つ目の理由も同様に重要だ（だが、あまり議論されていない）。

ボラティリティ商品のプレミアムが理解できるように、順を追って説明する。

1．VXXはVIX先物で組成されている。

2．VIXとVIX先物は、市場参加者が今後30日間のボラティリティをどのくらいと予想しているかの推計値から成る。これは「インプライドボラティリティ」と言われている。VIXが16ならば、それはボラティリティが来月までに年率で16％動くことを意味する。市場が落ち着いているときには、市場のボラティリティが下がる可能性が高いことを示唆するため、VIXの値は下がることが多い。市場の動きが激しくなると、市場参加者はS&P500の日々の動きが大きくなると考えるため、VIXの値は急上昇する。

一番分かりやすく言うと、VIX先物は保険とみなされている。相場が大きく下げる可能性が高いと市場参加者が考えていれば、VIX先物にもっとお金を払うだろう。これは、フロリダ南部の住民が、数日以内に大型ハリケーンに襲われると考えているときと何ら変わりない。彼らは嵐の前には保険に多くのお金を払うだろう。同様に、ポートフォリオマネジャーが市場のボラティリティの急騰か相場の急落が迫っていると思っていれば、保険にそれまでよりもはるかに多額のお金を払うだろう。

このS&P500市場に対する保険の価格は絶えず変化している。これは経済に関するイベントやFRB（連邦準備制度理事会）の会議、世界的な不安、懸念を抱かせるあらゆるイベント前にはしばしば上昇する。そして、イベントが過ぎ去ると、特に最悪の恐怖が広がらない場合（多くの場合は広がらない）、VIXの値は下がる。保

険の需要が減るだけでなく、保険を買った人はそれを売る。この
パターンは20年以上にわたって続いていて、変わりそうにない。忘
れないでもらいたい。市場は人間の集まりで成り立っていて、人
間の脳には恐怖のメカニズムが組み込まれている。ポートフォリ
オマネジャーは投資家を守るために、金融市場で保険を買う。彼
らはまた、自分の職を守るためにも保険を買う。

3. だれもが知っているように、ほとんどの保険は割高だ。これは一
般論だが、総じて正しい。VIX先物も一種の保険である。そして、
歴史的にはほかの保険と同様に総じて割高だった。

　これを測る1つの方法は、インプライドボラティリティと実現
ボラティリティの差を見ることだ。インプライドボラティリティ
とは保険にかかる費用のことだ。実現ボラティリティとは、
S&P500の実際の日々の動きによって生じるボラティリティのこと
だ。過去25年間を振り返ると、大半の時期で実現ボラティリティ
は市場予想よりも小さかった。さらに言えば、インプライドボラ
ティリティは過去25年の80％以上で割高だった。市場で保険を買
うのはたいていの場合、優れた投資ではない。

　では、プロはこれを知っていて、どうしてボラティリティ商品
を買うのだろうか。私が述べたように、1つの理由は保険という
側面があるためだ。それによって、特に日常的に繰り返されるイ
ベント前に保険を買うことになるからだ。2番目の理由は、それ
がしばしば巨大リスクに対する保険として使われるためだ。同時
多発テロが再び起きても（できれば二度と起きないでほしい）、つ
まり、だれも予想できなかったイベントが起きても、ポートフォ
リオに対する保険でカバーできる可能性がある。それが2008年に
起きたことだ。2007年後半に限月が1年先のVIX先物という保険
を買っていたら、2008年後半には本当に賢明なことに見えた。

　これはVXXにとって何を意味するのだろうか。それは、VXX

が保有するVIX先物が80％以上の期間で割高だったことを意味する。歴史的に見ると、VXXは割高の保険を買っている。そして、時がたち、実現ボラティリティがインプライドボラティリティよりも低くなると損をする。VXXは歴史的に高すぎる保険に加入している。

　だが、それは仕方ないことだ。この商品の目論見書には、いくら割高でもこれらの保険証券を保有しなければならないと書かれている。

まとめ

それでは、すべてをまとめてみよう。

1．VXXは期近のVIX先物を保有している。VXXが保有しているVIX先物を次の限月に乗り換える必要があるとき、たいていは売値よりも買値のほうが高い。これは順ザヤとして知られていて、VXXを保有している人は平均して月に約4％の費用を支払っている。
2．VXXが保有するVIX先物は本質的に割高だった。ほとんどの保険と同様に、価格が高すぎる。VXXはほとんどの期間でVIX先物に払いすぎていた。継続的に払いすぎていれば価値が低下する。

　こういうことなのだ。割高の商品でトレードをしているうえに、毎月の乗り換え費用がかかるため、2009年に上場されて以降、99.9％以上の損失が出ている。たしかに、相場が急落して、2011年8月や前に述べたほかの時期のように、VXXが上がる時期もある。しかし、見てきたように、これは無価値になるように作られている。そして、無価値になるように作られているものはすべて、空売りで利益を得る方法

を探すべきだ。

VXXの行動ファイナンスにかかわる要素

この時点で、おそらくあなたは「一体、だれがこんな商品を買うのだろうか」と思っているだろう。ところが、買い手はたくさんいる。私はこれらの買い手が理由もなく買っているとは考えていない。だが、全体として、それらの理由はデータに基づくものではなく、心理状態からくるものだ。それらを見ていこう。

1．投資顧問

大学を卒業すると、私はすぐにボストンのメリルリンチで働き始めた。それは1982年のことだった。ダウ平均は700ドル台で、800ドル台に向かっていた。私はそのときまでで最も若く雇われた従業員だった。強気相場ではだれもが天才になる、と言われる。1982年8月にFRBのポール・ボルカー議長がアメリカ史上最大の金利引き下げを始めたことで、私たちはみんな天才になった。5年後にダウ平均は400％以上高くなっていた。そして、働き盛りの28歳の私も、業界のほかの人々もみんな天才になっていた。

その時期とその後の7年間、私は文字どおり何百人ものファイナンシャルアドバイザーと仕事をした（肩書きは何度も変わったが、職務内容は同じだった）。彼らの多くは非常に成功していて、その多くはやがて数千万ドルや数億ドルの資産を築いた。実際、そのうちの1人は大手金融業界で最も成功した1人だ。これら同僚の多くは成功したが、変わらない要素が1つあった。それぞれが持つ知識には相当の開きがあったのだ。ほとんどの分野では通常、仕事における成功と知識はかなり密接に関係している。私が40年近く生きてきた投資顧問業界では、

人によって持っている知識の差が非常に大きい。

　私はその後に投資顧問会社を作って一財産を築いた人々と働いていた。彼らは懸命に働き、相場に熱中し、常に学ぶ姿勢を持っていたおかげで成功した。

　これとは別に、私は彼らと同様にプロとして成功を収めた人々とも仕事をした。彼らは資産を増やすのに秀でていた。投資顧問会社は運用資産に対して報酬を受け取るので、会社が成功するためには、これは重要な要素だ。しかし、投資の知識となると、欠けていたと言っておこう。彼らはウォール・ストリート・ジャーナルを購読するのでさえ興味がなかったほどだ。彼らは投資に関する本を読むだろうか。読まない。市場や今後のマクロ経済のイベントについて議論したり、テクニカルか定量的戦略について検討したりするだろうか。返事は通常、「どうして」だった。私はけっして軽蔑して言っているのではない。だれが、何のためにVXXのような証券を買うのかをより良く理解するために言っているのだ。批判はしていない。私はトレードの反対側にだれがいるのかを知ってほしいだけだ。

　私は昔のように、幅広い顧問業者と日々接しているわけではない。しかし、接している専門家たちとの会話から判断すると、彼らは「時代が変わっても、変わらない」ように見える。顧問業者と仕事をしている何人かの専門家によると、多くの顧問業者はまだ顧客に関心を持っていて、彼らとそのチームは顧客のためにあらゆる知識を得る努力をしている。これが顧問業者のほとんどだ。

　彼らとは対照的な顧問業者のなかにも顧客に関心を持っている人はたくさんいる。しかし、資産を増やすことに比べると、投資の知識は二の次だ。最初のグループは顧客にVXXを買わせることはけっしてないだろう。2番目のグループは、特に適切な時期に私たちのトレードの反対側にいてほしいグループだ。

2. 情報を持たない一般のトレーダーや投資家

VXXは一般トレーダーや投資家がたくさん買っている。彼らのだれもが、頭が悪いわけではない（実際には、彼らの多くは学校で成績が良かった）。だが、市場のこととなると、彼らは全体としてプロのボラティリティトレーダーほど賢くない。一般トレーダーを対象としたインターネットの掲示板で、VXXについて議論している内容を見れば、私の言っていることがよく分かるだろう。また、情報を集約している非常に素晴らしいサイトであるFinviz.comを購読してもよい。検索欄にVXXと入れると、ページの右側にVXXを含むすべての取引銘柄について、オンラインで進行中の会話が集約されている。VXXに関する会話やコメントを見ると、びっくりする。私はこれらをプロのトレーダーの友人に見せた。彼の最初の反応は、「どうやって彼らの反対側に立てばいいんだ？」だった。

この掲示板のすべてのコメントが悪いわけではない。実際、優れた洞察を示すものもある。だが、全体としてはVXXをトレードする専門家ではない。彼らは一般トレーダーであり、それほど洗練されてはいない。あなたがこれらのコメントを1日中見ていれば、おそらく同じ反応をするだろう。あなたは「どうやれば、彼らの反対側に立てるんだ？」と言っているだろう。

3. 恐怖感から動くマネーマネジャー、投資家、トレーダー

VXXは相場が急落するか、急落すると予想するたびに買われる証券となっている。そのため、これでポートフォリオを守れると信じていて、恐怖を感じている人々が集まってくる。VXXは数日か数週間上げることはあるが、9年間のうちの99.9％で下げている。そのため、圧倒的な弱気相場が続くか、VXXの組成を変えられないかぎり、彼らが

望んでいる働きはしないだろう。彼らは急落を恐れているので、しばしば割高で構造的に欠陥のある商品を買っている。あなたは適切なときに彼らの恐れの反対側に立ったほうがよい。

４．弱気の見通しを持つ短期トレーダー

彼らは３番目と同じグループに属している。ただし、VXXが長期的には下げる傾向があることは理解している。彼らはVXXを買って、急騰で素早く利益を得ようともくろむ短期トレーダーだ。彼らは必ずしも愚かではないが、買い手なので、価格決定と流動性に一定の役割を果たしている。

５．ギャンブラー

私は定量的なトレード、それに心理状態を利用したトレードや投資はギャンブルの一形態とは考えていない。私たちは動きを探しているのではなく、エッジ（優位性）を探しているのだ。

VXXはボラティリティに関する証券であり、ボラティリティに関するすべての証券はボラティリティの拡大を望むギャンブラーを引き付ける。ギャンブラーはスコアを稼ごうとしているが、VXXでスコアを稼ぐ方法は買うことだ。たしかに、ほとんどの日は下げているが、時には大きく上昇する。ギャンブラーはこれが大好きなのだ（宝くじに当たるかスロットマシンで大当たりするようなものだ）。「正気の人でだれがこの商品を買うだろうか」と問えば、彼らが買い手のリストに載る。

これが、「だれがVXXを買うだろう」に対する答えだ。私はけっして彼らの性格を批判しているのではない。彼らのほとんどはまじめにトレードをしている。そして、主としてボラティリティを好むギャン

ブラーもほかのみんなと同様に、ほとんどはお金を稼ぐか、ポートフォリオをヘッジしようとしている。

　トレードは知識を競うゲームだ。そして、これは「相手を知る」ゲームでもある。だれが自分の反対側にいるのかを知っていれば、特に彼らがそのトレードをする理由が分かっていれば、心理状態についてエッジが得られる。

概観

　私たちは次のことを学んだ。

1. VXXは構造的に欠陥がある。ほとんどの場合、先物の乗り換えには通常、月に４％の費用がかかる。VXXは無価値になるように作られている。
2. VXXは先物商品を保有している。VIX先物は過去の実現価値と比べて本質的に割高である。
3. VXXには５種類の主な買い手がいることが分かった。全体として、彼らはVXXが上げる一時期を除いて、「世界で最も抜け目ないプロ」ではない。彼らのほとんどは知識不足か、恐怖感から動いているか、単なるギャンブルをしているかだ。

　それでは、これまでに得た知識をVXXの平均回帰トレード戦略とVXXトレンドフォロー戦略で利用しよう。

第5章
ボラティリティパニック戦略

Vol Panics

・・・・・・・・・・・・・・・・・・・・・・・・・・・・・・・・・・・・

　VXXはその組成上、下落バイアスがあると分かった。そのため、VXXが買われ過ぎの状態になるには市場で恐怖がかなり高まる必要がある。これは基本的に重力に逆らうことだ。VXXはほぼ順ザヤであるうえに、絶えず割高になるVIX先物を保有しているからだ。しかし、それが実際に買われ過ぎになると、間近に迫っているか、現在起きているイベントに対する恐怖が高まっていることになる。

　恐怖がいつ高まっているかを測る方法はたくさんある。定量的手法を用いるときには、恐怖を測る一定のルールがほしい。私たちは恐怖を「感じる」ことは想定していない（もっとも、大手メディアの報道を見たり読んだりすれば、通常は分かるが）。私たちは過去データから、市場で恐怖が大幅に高まり、VXXの価格が高くなっていることを示す体系的なルールを用いて、恐怖を「正確に測る」ことを目指している。そして、これらの測定された水準でVXXを空売りすると、歴史的にはたいてい短期間で下げた。

　VXXの戦略では、これを実行する2つの方法を教える。1つは、ほんの数日間だけ、VXXの空売りポジションを持つ（非常に短期間だ）。もう1つは、恐怖が弱まったあとにVXXの下落バイアスが現れる場合を考えて、もう少し長く、平均2～3週間保有する。検証結果は2009年1月にVXXが上場されてから2017年までのものだ。ボラティリティ

パニック戦略では、市場でパニックが起きるのをよく見ることになる。市場参加者が恐れているとき、彼らは本当に怖いのだ。彼らはポートフォリオを守る保険としてVXXを使い（繰り返すが、非常にお粗末な保険だ）、VXXの価格を押し上げる。彼らの恐怖を引き受けて、彼らに保険を与え、次のルールに沿ってVXXを空売りすれば、すぐに分かるように、その90％以上で利益が得られる。

ボラティリティパニック戦略のルールは次のとおりだ。

1．VXXの価格が5期間移動平均線を上回っていて、4期間RSIの値は70を超えている。VXXを空売りする。
2．VXXの価格が5期間移動平均線を下回って引けたら、VXXを大引けで買い戻す。

市場とVXXが効率的であれば、これによってトレード数のほぼ50％で勝てるはずだ。ボラティリティは平均回帰するため、この割合はもう少し高く、例えば、おそらく53.55％になるはずだ、と言う人もいるだろう。

実は、この単純な2つのルールによる戦略では、104回のシグナル数、つまり9年で平均1カ月に1回弱のうちの74.04％で勝っていた。平均保有期間は4取引日以内だった。

彼らが懸念か恐れを抱いて、先ほどのルールのようにVXXの価格を押し上げた4回のうちの3回近くで、VXXはすぐに反落した。彼らは判断を誤り、空売りをしたトレーダーのほうが正しかったのだ。

これは良い出発点だ。これよりも、もっと成績を上げられるだろうか。見てみよう。

先ほどのルールを守ったうえで、もっと積極的になろう。

1．VXXの価格が5期間移動平均線を上回っていて、4期間RSIの値

は70を超えている。大引けでVXXを空売りする。

2．VXXが仕掛けた日の終値よりも高く引けたら、VXXをもう１ユ
　　ニット空売りする（ポジションを２倍にする）。

3．５期間移動平均線を下回って引けたら、大引けで買い戻す。

次は2009～2017年の検証結果だ。

トレード数	104回
勝率	81.73%
１トレード当たり平均利益率	3.19%
平均保有日数	４日以内

　５回のシグナルのうち、４回以上で利益が出た。VXXの上昇で測定
されたように恐怖がさらに１日続いたことで、VXXが反落する割合は
高くなった。

　それでは、より保守的な手法を使って、最終的に取る予定のポジシ
ョンまで売り上がっていく場合を見てみよう。これはVXXが買われ過
ぎのときに、総ポジション分を１回で空売りするのではなく、その一
部で試し玉を建てる。VXXが上げ続ける場合は、総ポジションに達す
るまでさらに空売りをする。これは２－３－５スケールイン（分割売
買）や１－２－３－４スケールインと呼ばれる手法を用いて、次のよ
うに実行することができる。これらの売り上がりは、次のルールを読
めば明らかになる。

1．VXXは５期間移動平均線を上回っている。

2．４期間RSIの値は70を超える。

3．大引けでVXXの総ポジションの20％を空売りする。これは合計で
　　５万ドルのポジションを取るつもりだとすれば、５万ドルの20％

である1万ドルを空売りするという意味だ。

4. まだ、ポジションを維持していて、VXXが仕掛け値よりも高く引けたら、さらにVXXの総ポジションの30％を売る。これは5万ドル×30％で、1万5000ドルになる。したがって、この時点でVXXの総ポジションの2分の1である2万5000ドルを空売りしている。

5. まだ、ポジションを維持していて、VXXが2回目の仕掛け値よりも高く引けたら、さらにVXXの総ポジションの50％を売る。これは5万ドル×50％で、2万5000ドルに相当する。そのため、この時点でVXXの総ポジションである5万ドルを空売りしたことになる。

6. 手仕舞いは同じだ。VXXが5期間移動平均線を下回って引けたら手仕舞う。

少し立ち止まって、私たちが行ったことを見てみよう。1日目のVXXは買われ過ぎだ。歴史的に見ると、VXXはこの水準から75％近くが下げた。しかし、VXXが上げ続ける場合でもポジションを解消しないで済むように、まずは総ポジションの20％を売って、慎重にポジションを増やしていく。VXXが上げ続けると、いっそう買われ過ぎになる（市場の恐怖はますます高まり、それほど賢明でないトレーダーの資金が集まってくる）。RSIの値が70を超えて買われ過ぎの状態から、今や恐怖がいっそう高まり、しばしば明らかにパニックが起きるせいで、価格はさらに1日上げ、2日上げることもあった。

検証結果は次のとおりだ。

トレード数	104回
勝率	90.38％
1トレード当たり平均利益率	投資した資金の4.29％
平均保有日数	3.32日

　これらのルールに基づけば、VXXが上場されてから2017年末までの90％以上で、VXXの価格は下げた。これらは下落バイアスがもたらす大きなエッジ（優位性）だ。このエッジが生じるのは、VXXが構造的に非効率な証券であることに加えて、市場で恐怖が高まっているからだ。心理状態とVXXの構造を理解して、体系的なルールを組み合わせれば、VXXのトレーダーにとって長年にわたりこうして大きな下落バイアスを利用できたことになる。

　VXXの売り上がりについて、もうひとつの方法を見よう。これは1－2－3－4スケールインで行う。

　ルールは次のとおりだ。

1．VXXは5期間移動平均線を上回っている。
2．4期間RSIの値は70を超えている。
3．大引けでVXXの総ポジションの10％を空売りする。これは合計で5万ドルのポジションを取るつもりだとすれば、5万ドルの10％である5000ドルを空売りするという意味だ。
4．まだ、ポジションを維持していて、VXXが仕掛け値よりも高く引けたら、さらにVXXの総ポジションの20％を売る。これは5万ドル×20％で、1万ドルになる。したがって、この時点でVXXを1万5000ドル空売りしている。
5．まだ、ポジションを維持していて、VXXが2回目の仕掛け値よりも高く引けたら、さらにVXXの総ポジションの30％を売る。これは5万ドル×30％で、1万5000ドルになる。したがって、この時点でVXXの総ポジションの60％である3万ドルを空売りしていることになる。
6．まだ、ポジションを維持していて、VXXが3回目の仕掛け値よりも高く引けたら、さらにVXXの総ポジションの40％を売る。これは5万ドル×40％で、2万ドルになる。したがって、この時点で

総ポジションを空売りしている。これほど売り上がりを続けられたら（歴史的に見てもこれができたときは限られていた）、それは通常、世界の終わりだと見られている（少なくとも、メディアがそういう描写をしている）。恐怖がふくれあがり、VXXは極端に上げる。この時点で、保険費用はしばしば急上昇する。

7．VXXが５期間移動平均線を下回って引けるときに手仕舞う。

　１－２－３－４スケールインを用いて、このルールで手仕舞った場合の2009〜2017年の検証結果は次のとおりだ。

トレード数	104回
勝率	96.15％（100回の勝ち、４回の負け）
１トレード当たり平均利益率	投資した資金の4.86％
平均保有日数	3.32日

　さらに大きな下げをとらえるために、トレード期間を大幅に伸ばしたければ、手仕舞いの条件を移動平均線から４期間RSIに変えることもできる。これは、VXXの価格が５日移動平均線を下回ったときに手仕舞う代わりに、４期間RSIの値が20を下回ったときに手仕舞うという意味だ。これによって、市場のパニックが収まり、しばらく落ち着きが戻るときに、ポジションを少し長く維持できる。

　表5.1は、仕掛けのルールは変えずに、４期間RSIの値が20を下回ったときに手仕舞った場合の検証結果だ。

表5.1　VXXでのボラティリティパニック戦略、4期間RSIが20以下で手仕舞った検証結果

売り上がり	手仕舞い	トレード数	勝率	平均損益率	平均保有日数
なし	RSI4<20	52	90.38%	7.41%	19.15
倍賭け	RSI4<20	52	90.38%	13.72%	19.15
2/3/5	RSI4<20	52	92.31%	10.28%*	19.15
1/2/3/4	RSI4<20	52	94.23%	11.17%*	19.15

* 投資資金に基づく

では、ボラティリティパニック戦略の例をいくつか見よう。

例5.1　iPath S&P500 VIX短期先物ETN（VXX）

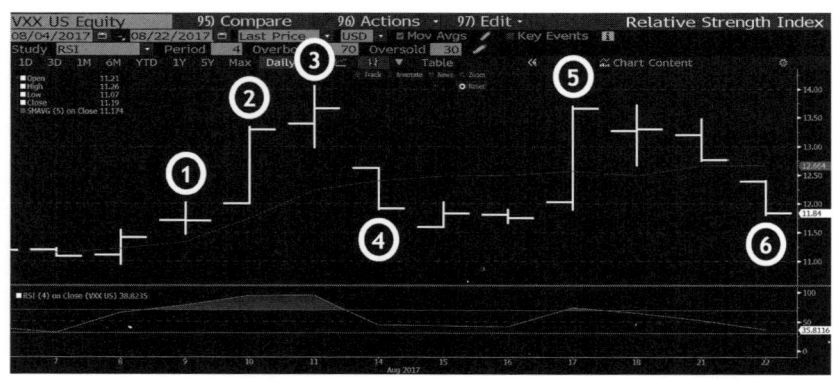

出所＝ブルームバーグ・ファイナンス（ブルームバーグ・ファイナンスの許可を得て使用）

1．アメリカと北朝鮮の間で核を巡る緊張が高まり、互いに威嚇し続けている。ポートフォリオの保険費用が上昇し始め、VXXの４期間RSIの値は70を超えている。VXXの総ポジションの10％を空売りする。

2．翌日、ドナルド・トランプ大統領は北朝鮮がアメリカを核で威嚇すれば、「炎と怒り」に直面するだろう、と世界に向かって言った。そして、人々は核戦争に対する保険を買おうと殺到した。VIXは47％急上昇し、株価の１日の下落幅は５月以来で最大となった。予想できることだが、アナリストやマネーマネジャーが顧客に対して、「トランプ大統領が北朝鮮を地球から消し去ってやると脅しているので、今日は資金をすべてつぎ込むのにふさわしいですよ！」と言うことはまずない。VXXの４期間RSIの値は94まで跳ね上がった（90を超える値は極端だ）。そして、VXXの２回目の空売りをする（総ポジションの20％を終値の13.29ドルで）。

3．大統領はツイッター（ニュース配信の新世界へようこそ）で、「軍

事的選択肢はすでに固まっている」とつぶやき、市場では恐怖が
ふくれあがった。保険費用は、VXXの出来高と同様に上げ続けた。
ブルームバーグは、VXXの過去2日間の出来高は過去最高（3億
7400万口）だったと報告した。これは、私たちが特定した5種類
のVXXの買い手が今日、積極的に買ったと考えてまず間違いない。
みんながパニックに陥り、保険費用が上昇していると、どうなる
だろうか。3回目の売り上がりのシグナルが点灯し、さらに「恐
怖の高まりを引き受ける」日となる。

4．「リスクは素早く現れる」という有名な言葉がある。「リスクは急
　速に下がる」という、あまり知られていないが、同様に真実の言
　葉もある。そして、それがまさにここで起きたことだ。リスクは
　下がり、VIXは前取引日の最高値から25％以上も下げて、VXXは
　5期間移動平均線を割り、2回の売り上がりの日の終値を大きく
　下回った。VXXの空売りポジションを利食いする。

5．8月17日。「ボラティリティには記憶がある」ということはよく知
　られている。数日後、北朝鮮の核の脅威が再び高まり、VIXによ
　る保険費用が20％以上も急騰した。VXXの4期間RSIの値が70を
　超えているので、恐怖の高まりが確認できる。そして、終値が13.66
　ドルのときにVXXの空売りシグナルが点灯する。

6．3取引日後にVXXは5日移動平均線を再び下回り、13％を超える
　利益が確定できた。

　こうした1－2－3－4スケールインの手法で、2009〜2017年にシ
グナル数の97.12％でVXXの値動きを正確に予測できた。

例5.2　iPath S&P500 VIX短期物ETN（VXX）

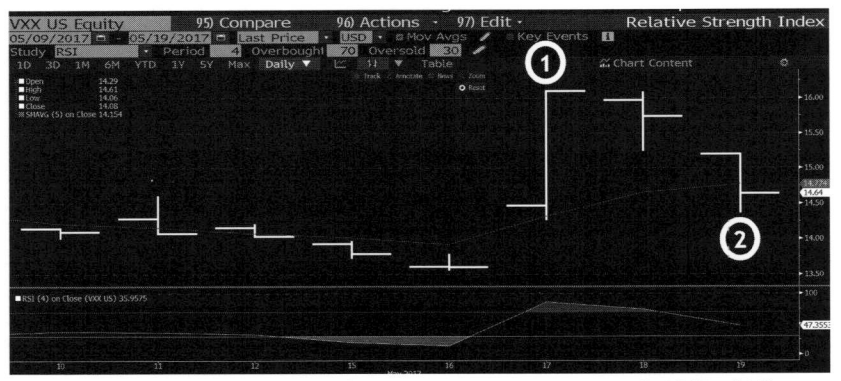

出所＝ブルームバーグ・ファイナンス（ブルームバーグ・ファイナンスの許可を得て使用）

1．ジェームズ・コーミー元FBI（連邦捜査局）長官が元国家安全保障担当補佐官の調査をやめるようにトランプ大統領から頼まれた、という報告書を書いたとの報道が出て、ダウ平均は300ドル以上も急落した。

　　同時に、トランプ政権は貿易保護に関する約束を守れないだろうというリポートが出て、鉄鋼株は大きく下げ続けている。クレディ・スイスのアナリストであるカート・ウッドワースはブルームバーグニュースに、「トランプ政権はやや混乱している」と語った。そして、大統領が関税引き上げでアメリカ企業を守ると予想して、相場は上昇しているが、実行できなければ株価は急落するだろう、と述べた。

　　昨日、ダウは史上最高値近くまで上げた。今日、大統領は弾劾されるだろうと言われて、政権は「混乱」状態にある。市場ではパニックが起きて、VIXで測った保険価格は10.65から15.59へと、ほぼ50％も急騰した。

　　機会があれば、その日の大引け前の1時間を見てほしい。私はその日、CNBCとCNNの放送を流したまま取引画面を見ていたこ

とを覚えている（CNNはトランプ大統領について最悪のシナリオ
を伝えてくれる完璧な情報源であり、彼らがいかに行きすぎた恐
怖を引き起こせるかが分かる）。メディアは大げさな表現で視聴者
をあおっていて、パニック売りが起きた。買い気配値は下げ続け、
買いが出てもすぐに売りに圧倒された。これは完璧なボラティリ
ティパニックだった。

2. パニックは長続きしない。2日後に市場は落ち着きを取り戻した。
大統領は弾劾されず、彼の経済政策に報道されているほどの混乱
はなく、VXXは5期間移動平均線を下回って、利食いをするとき
だと告げていた。ダウ平均は史上最高値近くで月末を迎える。

追加情報

1. 注意を一言。これらの下落バイアスの検証結果を見ると、勝率が非常に高い。だからと言って、VXXが必ず下げるという意味ではない。どんな証券も自動的に高くなったり安くなったりすることはない。しかし、私たちが測っているのは恐怖であり、それを恐怖で動く証券に当てはめている。あなたは常に相場を尊重し、自分のポジションについてリスク管理をする必要がある。

2. あなたはVXXをトレードするシグナルにVIXを使うほうがずっと良いのでは、と尋ねるかもしれない。私たちはこれについて検証した。検証結果は良かったが、VXXのシグナルとしてはVXXほど良くはなかった。ほかの測定基準と同様に、勝率はわずかに低かった。これは、VXXがどのように設計されているかと、だれがVXXを買い、だれがVIXに連動する証券をトレードしているかを考えるとうなずける。VIXに連動する証券の買い手はたいてい機関投資家だが、VXXについて最初に説明したときに述べたように、VXXの買い手は全体としてはそれほど洗練されていないトレーダーや投資家だからだ。

3. VXX（あるいは、ほかの空売りポジション）の100％以上の逆行から身を守ること。これは空売りではだれもが直面する問題だ。どんな空売りでも、無限に上げる可能性がある。大引けから寄り付きまでの間に大きく動くときには、損切りの逆指値は役に立たない。

   したがって、VXXのより良いトレード法の1つは、リスクを固定してトレードをすることだ。つまり、ディープ・イン・ザ・マネーのプット（デルタが−70以上のもの）を買うか、VXXを空売りしてアウト・オブ・ザ・マネーのコール（例えばデルタが20か30のコール）を買えばよい。デルタが−80のプットを買うのは、株

式を空売りしてデルタが20のコールを買うのと同じだ。違いは、デルタが20のコールはデルタが－80のプットよりも売買スプレッドが狭いことが多く、資金を節約できる可能性があるところだ。しかし、節約できた分はVXXを数日借りるときの貸し株料で少し減るだろう。ここでトレードの執行費用について調べる必要がある。この点について助けが必要ならば、ブローカーに相談するとよい。これは彼らの仕事であり、彼らはあなたを助けることができるはずだ。答えに満足できなければ、彼らの上司と話せるように頼むことだ。あなたがトレードを頻繁にしているのなら特にだが、ブローカーは取引を望んでいる。そして、彼らはあなたの役に立つために存在しているのだ。

　私の意見では、VXXをポートフォリオのごく一部でトレードしているのでないかぎり、VXXをトレードする際にはオプションを使ってポジションを構築するほうが安全だ。あなたは何が最善なのか分かっているので、これはあなた自身で決めることだ。

4．VXXの貸し株が利用できないときはどうすればよいだろうか。VXXはときどき空売りできない（株を借りることができない）ことがある。これが起きた場合には解決策がある。オプションが1つの解決策だ。したがって、あなたはどんなシグナルが点灯した場合でもポジションを取ることができるはずだ。

5．UVXYはどうだろう。UVXYはVXXに1.5倍のレバレッジをかけたETFだ。2018年2月にボラティリティが急上昇して、レバレッジが引き下げられるまでは、レバレッジは2倍だった。

　UVXYはVXXの強化版だ。レバレッジが加えられているため、下げは増幅される。これはより積極的なトレーダー（買い手側ではギャンブラー）が使う証券で、これのオプションもある。オプションは（2018年春、現在）VXXのオプションほど流動的ではないが、かなりうまく取引されている。

次はUVXYの上場以来のチャートだ。

例5.3　プロシェアーズ・ウルトラVIX短期先物ETF（UVXY）

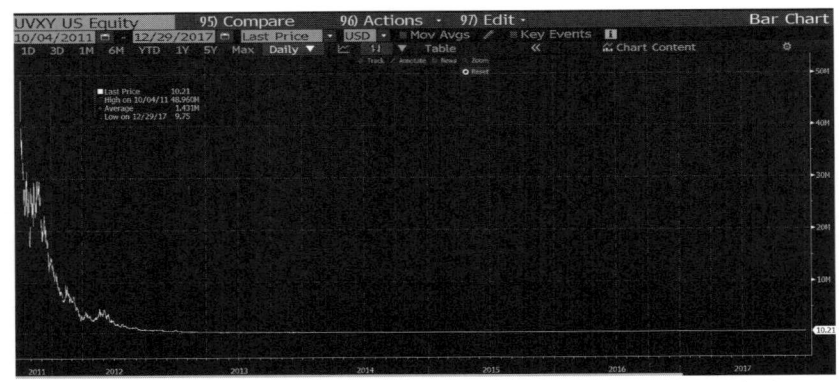

出所＝ブルームバーグ・ファイナンス（ブルームバーグ・ファイナンスの許可を得て使用）

そして、次はちょっと信じがたい併合の歴史だ。

例5.4　プロシェアーズ・ウルトラVIX短期先物ETF（UVXY）

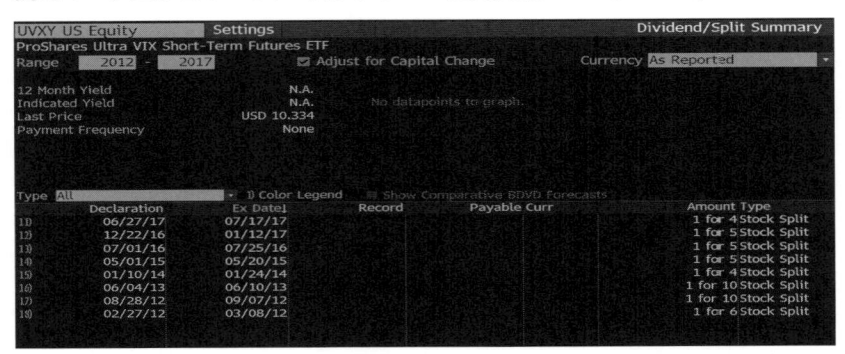

出所＝ブルームバーグ・ファイナンス（ブルームバーグ・ファイナンスの許可を得て使用）

まとめ

　VXXは一時的な恐怖の高まりを利用するのに最適な証券かもしれない。そして、VXXによるボラティリティパニック戦略は優れた短期戦略であり、VXXの方向性を非常に高い確率で正しく予測してきた。

　VXXが上場されて間もないころ、私は市場がより賢明になることを心配していたし、実際に賢明になったと信じている。しかし、VXXはその構造に加えて、買い手を引き付けることや、恐怖によって動く取引商品という最も重要な事実を考えると、これらの大きな下落バイアスから得られるエッジは今後も長く続くかもしれない。

第6章
VXXのトレンド戦略
VXX Trend Strategy

・・

　これからVXXのトレード戦略の幅を広げて、私たちの持つ知識をトレンドフォローによるVXXのトレードに当てはめることにする。私たちはVXXが構造的に非効率なために、絶えず価格が下がっていることを知っている。そこで、理想的にはVXXが下降トレンドにあるときにトレードをしたい。

　トレンドフォローは短期の平均回帰トレードとは大きく異なる。良いトレンドフォローシステムはより長期的なトレンドに乗り、そのトレンドにできるだけ長くとどまる。本書で説明している平均回帰トレードでは、ポジションを維持するのは平均して3〜7取引日だ。一方、VXXのトレンドフォロー戦略では、平均でこれよりもずっと長くポジションを維持する。トレンドフォローに関する優れた本はたくさんある。もっと詳しいことを知りたければ、『**トレンドフォロー大全**』（パンローリング）などの著者であるマイケル・コベルの書籍から始めることを勧める。彼は20年以上にわたってトレンドフォローを研究し、トレード史上で最も優れたトレンドフォロートレーダーの多くと接してきた。

　良いトレンドフォローシステムのほとんどは、勝率が30〜35％だ。もっと良いものでは30％台後半から40％に達するかもしれない。勝つときよりも負けるときのほうが多くても、平均利益は平均損失よりも大

きい（利益を出すためには、それしかない）。ほとんどのトレンドフォローシステムでは、1つの良いトレンドでトレードをすれば、長期間のちゃぶつき相場での損を取り戻せる。

　では、VXXに戻ろう。長期的なトレンドが一方向に動いているのは明らかだ。そして、それがどのようにして形成されたかに基づけば、その後も長期的なトレンドが続く可能性が高い。

　VXXでの目標は適切な時期に空売りをして、VXXが下げているときにそのトレンドにできるだけ長く乗ることだ。また、トレンドに変化があれば安全に利食いできるように、早いうちに手仕舞いたい。

　それを、どうやって行うのか。それはかなり単純だ。移動平均線の交差を使うのだ。移動平均線の交差では期間が異なる2つの移動平均線を用いるだけだ。短期移動平均線が長期移動平均線を下回ったら、VXXを空売りする。そして、短期移動平均線が長期移動平均線を上回ったら手仕舞って利益を確定する。

　VXXのトレンド戦略のルールは単純だ。そして、その検証結果はトレンドフォローの手法のなかでは特にしっかりしている。

1．10期間SMA（単純移動平均線）が30期間SMAを下回ったときに、VXXを空売りする。（私たちは指数移動平均線［EMA］での検証も行った。指数移動平均線を使う場合は、10期間EMAが30期間EMAを下回ったときに、VXXを空売りする）。
2．10期間SMA（またはEMA）が30期間SMA（またはEMA）を上回るまで空売りを続ける。

　それだけだ。ルールは2つ。トレンドフォローは非常に単純であることが多く、VXXのトレードでもそれを維持するつもりだ。

　この単純な2つのルールによるトレンドフォロー戦略の2009〜2017年の検証結果は次のとおりだ。

表6.1　VXXのトレンドフォロー戦略の検証結果

移動平均線の組み合わせ	トレード数	勝率	平均損益率	平均保有日数	勝ちトレードの平均利益率	平均保有日数	負けトレードの平均損失率	平均保有日数
SMA(10)/SMA(30)	32	56.25%	13.02%	53.34	31.64%	81.00	-10.92%	17.79
EMA(10)/EMA(30)	30	50.00%	11.93%	59.97	35.06%	105.07	-11.20%	14.87

　この戦略の実例をいくつか示そう。

例6.1　ボラティリティ指数（VIX）

出所＝ブルームバーグ・ファイナンス（ブルームバーグ・ファイナンスの許可を得て使用）

例6.2　iPath S&P500 VIX短期物ETN（VXX）

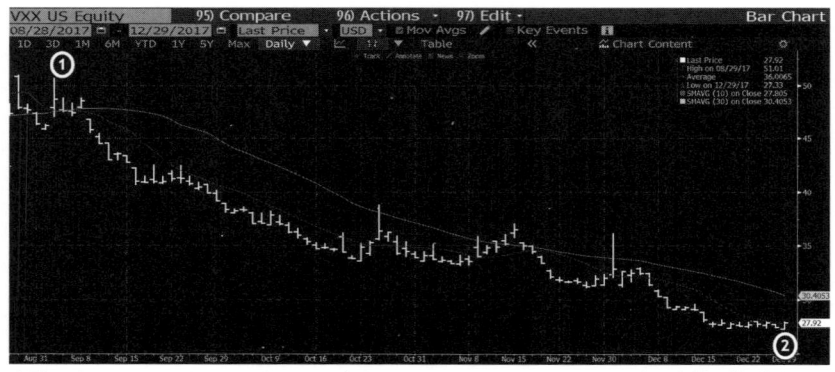

出所＝ブルームバーグ・ファイナンス（ブルームバーグ・ファイナンスの許可を得て使用）

　2017年9月からの4カ月間に市場の「実現」（実際の）ボラティリティが大きく下がった。VIXで測った「インプライドボラティリティ」は常に実現ボラティリティよりも高かった。興味深いことに、**例6.1**のVIXの価格チャートを見ると、インプライドボラティリティが急騰する少数の日と、多くの横ばいの日がある。ところが、**例6.2**のVXXのチャートを見ると、様相は異なる。9月上旬に10期間SMAが30期

間SMAを下回り、VIXは最初は下げたが、その後は狭いレンジでの動き（それに加えて、数回の急騰）、VXXは2009年以来の動きに似て、絶えず下げていた。

1．空売りシグナルが点灯した9月上旬のVXXは45ドルを超えていた。
2．VXXトレンド戦略は再び下降トレンドをとらえた。その年のVXXの終値は27.92ドルで、25％以上下げた。

次の例は、「VXXの空売りをずっと続けるだけでよいのでは？」というよく尋ねられる質問に答えるために出したものだ。これは、リスクを限定するために、VXXを空売りする代わりにプットを使う理由にもなっている。

例6.3　iPath S&P500 VIX短期物ETN（VXX）

出所＝ブルームバーグ・ファイナンス（ブルームバーグ・ファイナンスの許可を得て使用）

1．この月の初めに、VXXのトレンド戦略で空売りシグナルが点灯した。
2．10期間SMAが30期間SMAを上回ったときに手仕舞った。
3．ムーディーズが米国債を格下げしたため、その後の6週間はボラティリティが急上昇した。VXXの価格はほぼ2倍になった。あらかじめ決めていたように、10日移動平均線が30日移動平均線を上回ったときに手仕舞ったことで、わずかな損失は出たものの、大きな損失は避けることができた。

例6.4　iPath S&P500 VIX短期物ETN（VXX）

出所＝ブルームバーグ・ファイナンス（ブルームバーグ・ファイナンスの許可を得て使用）

　この1から2は、構造的に非効率的なVXXの価格が下げているとき
に、VXXトレンド戦略で大きな値動きをとらえたもう1つの例だ。見
て分かるように、この下げは2009年から続いている。

重要なポイント

1. 勝率はトレンドフォロー戦略でこれまでに見てきたなかで最も高かった（ほかにも、勝率がもっと高いものがあるかもしれない。もしもあれば、私たちはそれらを見たことがない）。忘れないでもらいたいが、30〜35％の勝率というのは成功しているトレンドフォロー手法では標準的であることが多い。一方、VXXトレンド戦略では単純移動平均線を使った場合の勝率で50％、指数移動平均線では56.25％という結果だった。

2. 移動平均線の交差を利用した手法はほとんどの証券で試されており、結果はさまざまだ。私たちはこれらについて、1990年代から検証を行ってきた。また、移動平均線および移動平均線同士の交差についてのリサーチと検証は最初にメリルリンチ、その後はほかの多くの大手証券会社によって1960年代初期から徹底的に行われてきた。しかし、2009年までは、VXXのように構造的に下降トレンドを形成しやすい証券で、流動性があるものはほとんどなかった。検証結果が示しているように、この手法を用いると、上げたときのリスクが限定されている（さらに、プットオプションによって、リスクは限定されている）。一方、10日と30日の移動平均線の交差で大きな下げを何度かとらえて、かなりの利益を得た。

3. VXXのトレンドは長期間続く。平均保有期間は3カ月弱だ（SMAでは53取引日、EMAでは60取引日）。順ザヤで、保険として割高で、VXXの5種類の買い手が様子見をしている時期であれば、しばしば何カ月も下降トレンドが続く。

4. 私の意見では、ボラティリティパニック戦略と同様に、この戦略も非常に効果的だ。ボラティリティが急低下して（これは「ボラティリティクラッシュ」と呼ばれている）、VXXの価格が下落した場合、ディープ・イン・ザ・マネーのプットを買ってトレード

をすることができる。また、これによってリスクをとる金額を事前に決めておける。VXXのオプションは流動性があり、しばしば売買スプレッドの中間で約定することがある。平均保有期間は非常に長いため、限月が3カ月あるオプションを検討する必要がある。また、オプションのトレード経験が豊富な人やプロとしてオプションを取引している人は、これらの長期トレードで利益を得ることを目指しながら、オプションを最適に組み合わせる多くの方法を知っている。

　　繰り返しになるが、ここで重要なのはリスクをとる金額を事前に決めておいてトレンドに沿ったトレードをして、夜は安心して眠り、VXXの動きにまかせられるようにすることだ。

5. この戦略では、「市場での恐怖の高まりを引き受ける」。VXXでポジションを守れているといまだに信じている多くの投資顧問業者や投資家に対して、あなたは保険を提供しているのだ。彼らはVXXで自分を守れると信じて、VXXを買う。あなたはプットの買いという方法でVXXを空売りしている。彼らは何かを恐れている。あなたは彼らが恐れていることに対して保険を提供している。

6. 付録では、オプションでこの戦略を実行する方法をもう1つ載せている。この戦略は主としてボラティリティクラッシュが迫っていると考えている場合に用いるべきだ。つまり、何らかの理由でボラティリティが急低下すると考えているという意味だ（これはVIXが長期間にわたって上げたあとにしばしば起きる。また、2017年5月のように誤ったニュースで1日だけ急騰したときにも起きる）。このオプション戦略はリスクリバーサル戦略のクレジットスプレッド、デビットスプレッドと呼ばれている。これはリスクが一定で、リターンは大きくなる可能性があるオプション戦略であり、VXXが長期下降トレンドである時期に向いている。

7. VXXやボラティリティのトレードに関するそのほかの情報は多く

の質の高いウェブサイトで見つけることができる。次は2018年4月に執筆したコナーズ・リサーチ・トレーダーズ・ジャーナル（これは、https://tradingmarkets.com/ のウェブサイトで、無料で購読を申し込むことができる）からの転載だ。これを公開したあと、リストに「VIX セントラル」を加えたほうがよいと多くの読者から言われた。これは http://www.vixcentral.com/ で見つかる。

　これらのサイトが役に立てば幸いだ。

コナーズ・リサーチ・トレーダーズ・ジャーナル、2018年4月より

1．シックス・フィギュア・インベスティング（https://sixfigureinvesting.com/）

私はこのサイトがとても気に入っている！

バンス・ハーウッドはVXXやほかの多くのボラティリティ関連のETF（上場投資信託）について知っておくべきすべての情報を提供する素晴らしい情報サイトを作った。提供される情報は幅広くて深く、かつ豊富だ。慣れるまでは、必要な情報にたどり着くのに時間がかかるが、プラス面もある。予想していなかったページに行き着いて、知らなかった情報を見つけることもあるからだ。ボラティリティのトレードに関する私のお気に入りのサイトの1つだ。

2．CBOE（シカゴ・オプション取引所）のウェブサイト（http://www.cboe.com/）

ここには多くの情報がある。毎日更新されるブログのニュースレターを購読することから始めるとよい。これにはオプションとボラティリティのトレードに関する情報が満載だ。

3．ラッセル・ローズのツイッター（@RussellRhoads）

彼はトレードに関する私のお気に入りの著者の1人だ。また、彼はシカゴ・オプション取引所で上級専門職に就いている。彼はボラティリティの取引の中心にいて、ツイッターでオプションとボラティリティのトレードについて教えてくれるだけでなく、現在の市場動向とそれらの意味についても常に最新の情報を提供していて、素晴らしい仕事をしている。また、彼は優れた著者だ。彼の著作を読んだことがなければ、『トレーディング・ウイークリー・オプションズ（Trading Weekly Options）』『トレーディング・VIX・デリバティブズ（Trading VIX Derivatives）』の2冊を勧める。

4．VIX・アンド・モア（http://vixandmore.blogspot.com/）

私は本当にこのサイトを楽しんだが、残念ながらもう更新されていない。うれしいことに、今日でも使える検証済みの戦略がいくつか載っている。公表時期までの検証結果と合わせて、ボラティリティのトレードについて独自の手法を公表しているところを探しているのなら、このサイトで見つかる。

5．SSRN（https://www.ssrn.com/）

私はインターネット時代が始まる前はロサンゼルスに住んでいたので、カリフォルニア大学ロサンゼルス校、南カリフォルニア大学、ペパーダイン大学の図書館の地下室でジャーナル・オブ・ファイナンスのバックナンバーに載っている学術研究を読み、マーケット関連の調査をよくしていた。当時の最高のアイデアのいくつかはこれらの調査から得られたものだ。当時はこれらを読むことができれば、競争で大いに優位に立てた。

今日では、これらの研究を読むためにコンピューターからも携帯電話からでさえも離れる必要がない。SSRNを使えば、簡単には見つけ

られないものが大量に見つかる。あなたが学術研究論文から学んでいるのならば、SSRNについてすでに知っているだろう。SSRNには30分野について75万を超える学術論文が収録されている。検索機能を使えば、トレードに関するどんなテーマにも焦点を合わせることができる。「ボラティリティトレーディング（Volatility Trading）」で検索すれば、数多くの研究が見つかる。そして、それらを最新のものからなど、数通りの方法で並べ替えることができる。SSRNを使うもう1つの利点は、トレードに関するどんな主題でも検索できるという点だ。私は検索できたものに驚くことがよくある。

これらの研究に関するいくつかの注意点（この点はすでに知っているかもしれない）

①学問の世界では、「論文を出し続けなければ生き残れない」。だから、研究論文を読むとき、この点を忘れないでほしい。その研究に特に優れた点があるだろうか。それとも、ほかの基準を満たすために必要に迫られて発表された論文にすぎないものなのだろうか。

②ファイナンス関係の専門誌は優れているものも、そうでないものもある。SSRNで少し時間をかけて調べていれば、優れた専門誌はおのずと明らかになる。

③研究がどのような方法で行われたのかに注意してほしい。これはほかの何百もの分野で議論されている永遠の主題だ。私はどのようにして検証が行われたかを注意深く見るように心がけている。理科系の学問を専攻した人々は特にこの能力がある。

④あらゆるリサーチに当てはまることだが、過去の結果は将来の結果を示唆するものではない。とは言え、自分のトレードで観察したことを裏付ける研究が見つかれば、それに従ってトレードをしてもよいという合図かもしれない。概して言えば、SSRNは有用なサイトであり、新しいトレード研究のアイデアを探していると

きには特に役に立つ。

これが私のリストだ。全体として、これらのサイトは日々の洞察や専門的知識、トレードの新しい戦略や現在進んでいる新しい研究を提供している。

まとめ

ここで、「市場の恐怖の高まりを引き受ける」ための体系的で定量的な戦略をさらに2つ見た。これらの戦略では、あまり洗練されていないトレーダーや投資家に保険を提供している。ボラティリティパニック戦略では市場で恐怖が最大になったときに、VXXのトレンド戦略では恐怖が続くときに、構造的に破綻した証券を空売りする。オプションを使えば、リスクをとる金額を事前に決めることになる。これは成功するどんな戦略のリスク管理でも、カギとなる要素だ。

2011年に、私はVXXという証券は消えると思っていた。私の考えでは、だれも無価値になる証券など買おうとしないはずだった。それから7年たったが、VXXは今でも健在だ。VXXが併合され続けて、現在の構造が変わらないかぎり、今後何年もトレードで成功する機会を提供し続けるだろう。

第7章
新高値を利用したトレード
Trading New Highs

2004年にトマス・J・ジョージ教授とホアン・チュアン・ヤン教授はザ・ジャーナル・オブ・ファイナンス誌で、「ザ・52ウイーク・ハイ・アンド・モメンタム・インベスティング（The 52-Week High and Momentum Investing）」という影響力の大きな論文を発表した。彼らは要旨で、「モメンタム投資で得られる利益の大部分は52週高値で説明できる。52週高値に近ければ、過去のリターン（個別銘柄のリターンでも業界のリターンでも）から将来のリターンを予想する力が高まる」と書いている。

彼らは52週高値が投資家の「基準点（アンカーポイント）」になっていることを発見した（基準点はこの戦略で心理状態にかかわる要素の1つだ）。株価がこの基準点に近づくと、それらの銘柄は投資家の注意を引くようになる。そして、いったん基準点に達すると、短期的には買われにくくなって売られやすくなる。

この論文によると、株価は良いニュースを期待して52週高値を更新することがよくある。だが、いったん良いニュースが出ると、投資家の反応は鈍くなる（彼らはすでに株を買っているので、最終的には売り圧力になる）。これはプロのトレーダーたちが何十年も見てきた「うわさで買って、事実で売る」というよく知られた考えだ。

株価はしばらく動きを止めるか押すかをしたあと、良いニュースを

さらに吸収して、やがて長期的な上昇トレンドが再開する。

　この値動きの背後には、52週高値の更新で買うよりも「安く買う」ほうが良いと知っているプロのトレーダーがいる。この論文とデータの裏付けから得られる結論は、「ブレイクアウトを追いかけるな。買う時間はある」だ。私たちはこの結論をさらに一歩進める。

　私たちは教授たちが52週高値で発見したこの基準点での値動きを定量化することができた。そして、これを元に厳密なルールを作り、「恐怖の要素」を加える。そして、教授たちの発見をさらに向上させて、「新高値を利用したトレード」戦略を作った。

　それでは、すぐにルールの説明をしよう。

●セットアップ

1．株価は5ドルを超えて引ける必要がある。

2．21日出来高移動平均線は1日に100万株を超えている必要がある。

3．株価が過去20日で52週高値を付ける。これはその日の終値ではなく、その日の高値のことだ。

4．コナーズRSIの値が15を下回る。これは戦略に追加した恐怖の要素である。「52週高値の更新で買うトレーダー」は、この押しによってしばしば含み損を抱えるため、これらの「ブレイクアウトでの買い手」は「とても不安」な状態に陥り始める。

●仕掛け

5．すべての条件を満たせば、翌日に今日の終値よりもX％下に指値を置いて買う。検証は7％下に指値を置いた場合のほかに、10％下に置いたものでも行った。今日は株価が急落しているため、昨日の「不安な心理」は恐怖心に変わる。

●手仕舞い

6．その銘柄のコナーズRSIの値が70を上回って引けたら、大引けで
手仕舞う。

ひとまとめにして見よう

　ここで何が分かるだろうか。52週高値を更新する銘柄がある。これ
は良いニュース（または、良いニュースが出そうだという期待）に基
づくことが多く、みんな気分が良い。ジョージ教授とホアン教授によ
ると、この52週高値はメディアやデータ提供企業によって広まってい
る価格水準であり、多くのトレーダーや投資家が知っている。

　「ブレイクアウトでの買い手」はブレイクアウトすれば、その後は抵
抗なく上げ続けると信じているため、しばしば52週高値に引き付けら
れる。

　同時に、プロのトレーダー（知識が豊富なトレーダー）は賢明にも
良いニュースに先んじて買っているので、上昇中に売り抜けて、今や
利益を確定し始めている。

　私たちのルールに基づくシナリオでは、売りが極端に増えて狼狽売
りにつながりそうなところを探している。プロのトレーダーの売り抜
けだけでなく、52週高値のブレイクアウト（今やダマシとなっている）
で買ったトレーダーの投げ売りで、株価は大きく下げている。

　この時点で、売られ過ぎになっている。

　この銘柄は通常、過去20日に52週高値を付けたのとまったく同じ会
社の株だ。この銘柄はとても割安になっているため、賢明な資金が再
び入ってくる。ジョージ教授とホアン教授は、長期トレンドの主要な
反転が52週高値付近で起きることはあまりない、と指摘している。彼
らの指摘は正しい。次の検証結果で分かるように、これらの短期的な
深押しのあと、特に狼狽売りが起きた翌週から再び上昇することが多

いからだ。

　2001年 1 月 1 日から2017年12月31日までの新高値を利用したトレードの検証結果を見てみよう。

表7.1　新高値を利用したトレードの検証結果

指値を終値の何%下に置くか	トレード数	勝率	平均損益率	平均保有日数	勝ちトレードの平均利益率	平均保有日数	負けトレードの平均損失率	平均保有日数
10%	533	79.74%	6.47%	3.87	10.13%	2.96	-7.92%	7.44
7%	1367	77.03%	4.10%	4.03	7.57%	2.95	-7.53%	7.66

　それでは、 2 つの例を見よう。

例7.1　カリセラ・バイオサイエンシズ（CALA）

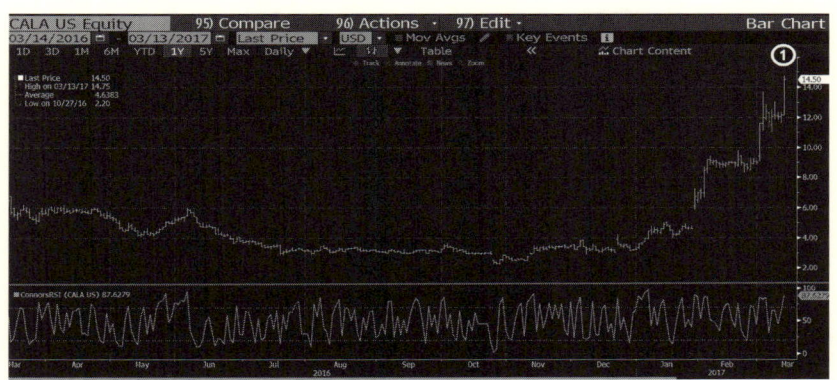

出所＝ブルームバーグ・ファイナンス（ブルームバーグ・ファイナンスの許可を得て使用）

1. 2017年3月にバイオテクノロジー企業であるカリセラの株価は52
週高値を付けた。投資家たちが同社の好決算を予想していたこと
と、さらに重要なことは有望な新薬候補について待ち望んでいた
発表があると考えて、買っていたからだ。

例7.2　カリセラ・バイオサイエンシズ（CALA）

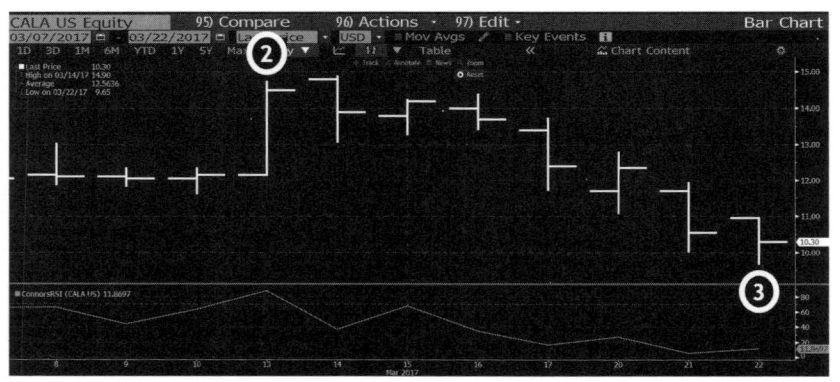

出所＝ブルームバーグ・ファイナンス（ブルームバーグ・ファイナンスの許可を得て使用）

2. 会社は決算発表を行い、新薬候補について楽観的な見通しを示した。ここで、うわさで買って、事実で売るという言葉どおりの値動きになる。
3. 株価は押し始めて、その後7日にわたって下げ続けたため、ジョージ教授とホアン教授が10年以上前に論文にした発見と同じ値動きになった。

例7.3　カリセラ・バイオサイエンシズ（CALA）

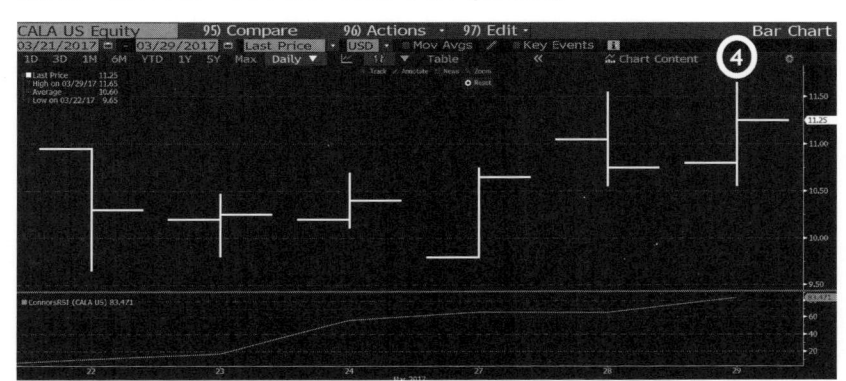

出所＝ブルームバーグ・ファイナンス（ブルームバーグ・ファイナンスの許可を得て使用）

4. 会社が新薬開発の進捗目標を達成して、提携企業からマイルスト
ーン収入を得始めると、良いニュースが再び出始める。この戦略
のセットアップが整ったときの75％以上で起きたように、再び買
い手が現れる。コナーズRSIの値が70を超えて、14.5％の含み益
が出る。利益を確定する。

例7.4　ビーバ・システムズ（VEEV）

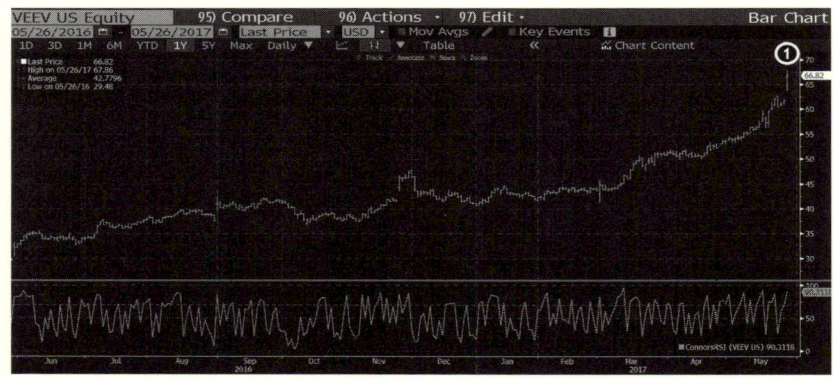

出所＝ブルームバーグ・ファイナンス（ブルームバーグ・ファイナンスの許可を得て使用）

1．5月26日の決算発表が近づくと、ビーバ・システムズは52週高値
　を更新する。決算と今後の見通しが発表されると、投資家は喜び、
　52週高値をさらに更新させ続ける。

例7.5 ビーバ・システムズ（VEEV）

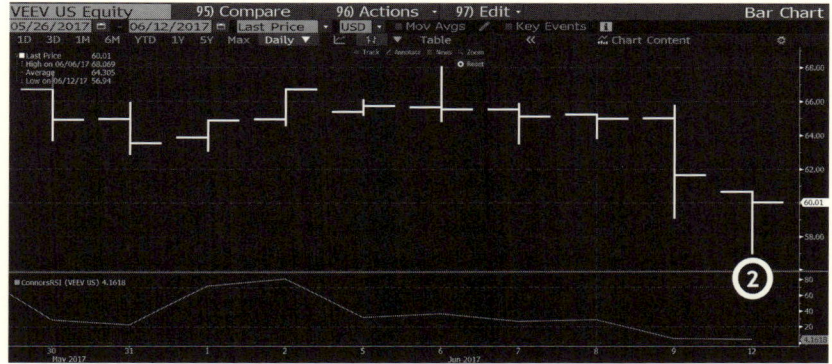

出所＝ブルームバーグ・ファイナンス（ブルームバーグ・ファイナンスの許可を得て使用）

2. 決算が発表されると上昇中に売り抜ける動きが出て、株価はやがて下げる。ニュースを見て、52週高値が更新されていくときに買ったトレーダーは喜べない。株価の下落幅は今や2桁になり、6月12日の日中にはさらに大きく下げたからだ。この売りによって、その日の安値近くの57.34ドルで、この戦略の買いシグナルが点灯する。

例7.6　ビーバ・システムズ（VEEV）

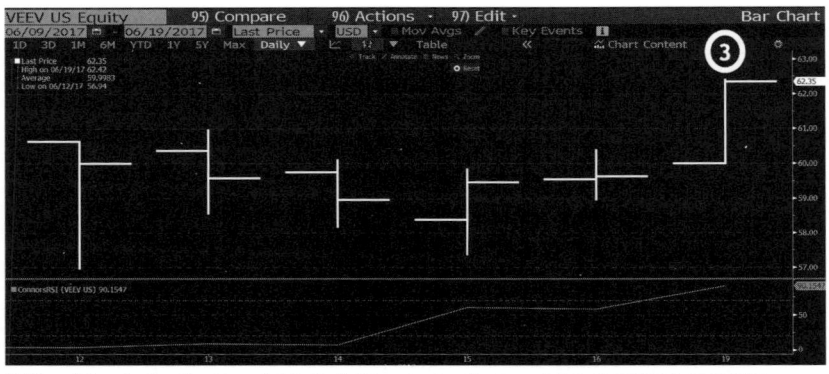

出所＝ブルームバーグ・ファイナンス（ブルームバーグ・ファイナンスの許可を得て使用）

3．ちょうど1週間後に再び買い手が戻り、彼らの買いによって利食い売りのシグナルが点灯する。

　この例で分かるように、ニュースで新高値を付けると、その銘柄を保有する多くの買い手が利益を確定した。数日以内に、まだ保有している人々の含み益は減り、新高値で買った人々の含み損が増えたため、さらに売りが出て、株価は過去データではその後にシグナル数の77％で上昇する水準まで下げた。この例のように、投機的で通常は弱い買い手が良いニュースに反応して買ったあと、売りが買いを圧倒すると、売られ過ぎの水準まで下げる。数日、押したあと、日中にさらに大きく下げるのは、たいてい投げ売り（狼狽売り）の兆候であり、買いの好機となる。

　こうした例はいくらでも示すことができる。それらの値動きはどれも異なっているが、大きく見れば基本的には同じだ。52週高値は基準点として機能し、良いニュースのあとに株価が大きく下げると、最終的に狼狽売りが出ることがよくある。一般に、これらの下げは長期トレンドの転換点ではない。実際には、これらの下げは、機関投資家が

再び買いに入るよりも早く買う絶好の機会である。

追加情報

1．この戦略にはかなりのエッジ（優位性）がある。日中に７％押し
　たところで買うと、シグナル数の77％で利益になり、４日間で平
　均して４％以上の利益となる。また、日中に10％押したところで
　買うと、シグナル数の79.7％で利益が得られ、４日間で平均して
　6.4％以上の利益となる。これらは頻繁には起きない。52週高値
　には予測力があるという教授たちのデータに基づく観察に、心理
　的要素を加えてコナーズRSIの値が15を下回り、さらに日中の狼
　狽売りで下げるまで待てば、短期的な上昇を正確に予測できる。
2．私たちは39週高値、26週高値、13週高値についても調べてみたが、
　このような値動きは単なる短期的な押しだけでは生じないことを
　確認した。52週高値の場合と比べると、これらのより短期の新高
　値で得られるエッジはずっと小さかった。52週高値はトレーダー
　や投資家にとって基準点になっているというジョージ教授とファ
　ン教授の観察結果は現在でも変わりない。
3．教授たちは論文で、「これらの研究から、市場は効率的で新たな情
　報は瞬時に価格に反映されるという仮説は大いに議論の余地があ
　る」と述べている。説明のつかない、変則的な値動きに関するほ
　とんどの研究でも、同じ主張がなされている。しかし、教授たち
　の主張には十分に根拠があるように思われる。ザ・ジャーナル・
　オブ・ファイナンス誌は有名な雑誌であり、この研究は公表され
　てからの過去14年の間に広く知られた。私たちの検証は2001年に
　始まり、2004年に彼らの研究が発表されて以降はリアルタイムの
　データで検証している。彼らの研究が公表されたあとでさえも、彼
　らの発見に心理的要素（極端な押し）を加えると、長年にわたっ

て短期的なエッジが高い確率で生じることが分かった。

4. この戦略を用いる方法はたくさんあるが、どの戦略にも言えるように、これをどのようにして最もうまく使うかはあなた次第だ。ここで分かったことは、52週高値という基準点に恐怖の高まりという要素を組み合わせると、2001～2017年の株価について短期的なエッジが得られたということだ。

5. 今後は52週高値を付けたというだけで、やみくもに買わないように注意したほうがよい。たしかに、52週高値の更新後も上げ続ける銘柄はある。しかし、これらの最高値で買って短期的にエッジが得られたという定量的な研究はまず存在しない。エッジは辛抱強く押しを待つことで得られる。新高値を利用したトレード戦略では、この辛抱強さは長年にわたって報われている。

第8章
TPS戦略──恐怖と強欲の高まり
TPS ; Fear and Greed Rising

「どれほど変化したように見えても、現実は変わらない」

・・・

　私たちはみんな、新鮮なものにわくわくするように生まれついている。新しいテクノロジー、新しい映画、新しい本、そして新しいトレード戦略には特にわくわくする。新しいものは刺激的だ。だが、最も良いものが目の前にあることも珍しくない。それらはすぐに使えるし、新しくて有効かどうか分からないものよりも優れていることも多い。新しいからといって、必ずしも良いとは限らない。

　ラッセル・コンウェルが1890年に書いた『富と幸福の探し方』（パンローリング）という古典がある。この本は今でも多くの人々から最も気に入った啓発本の１冊に挙げられる。この本のメッセージは、富を見つけるために世界中を探し回る必要はないということだ。富は往々にして自分の目の前にあるのだ。

　コンウェルのメッセージは多くの人々にとってさまざまな意味を持つ。その１つは、新しいものは必ずしも必要ないということだ。必要なものはすべて、身近にあるもので間に合うかもしれない。

　私たちは10年以上前に「TPS」と名付けた戦略を導入した。その戦略を公表して以来、多くのトレーダーがそれを採用して改善し、それを中心に資金管理事業を作り上げ、やがてそれを彼らのマーケット戦略の中核にするのを私は見てきた。

　TPS戦略は特に株価指数に付きものの恐怖と強欲をまとめたものだ。

この戦略では、市場で恐怖が高まるにつれて買い下がり、恐怖が収まるときに手仕舞う。

　そして、強欲が増すにつれて売り上がり、強欲が恐怖に戻るときに手仕舞う。特に世界の株価指数とアメリカの主要な株式ETF（上場投資信託）であるSPYを用いて、恐怖の高まりで買い、強欲が増したときに売るのが最も良い。

　『富と幸福の探し方』と同様に、TPS戦略の手法は公表されて以来、時の試練に耐えてきた。この10年間には大きな変化があった。例えば、2008〜2009年前半の暴落の最終局面、相場の予想外の急騰、前例のない世界的な信用拡大、2010年5月のフラッシュクラッシュなどだ。そして、アメリカではオバマ大統領からトランプ大統領へという、242年の歴史で経験したどの政権交代よりも極端な政権交代があった。

　TPS戦略を見ていけば分かるが、この恐怖と強欲を利用した戦略が初めて公表されて以来、歴史的な出来事が次々に起きて、実に多くのことが様変わりした。だが、TPS戦略の働きと有効性は今でも変わっていない。どの年でも、株価指数でいつ恐怖が高まって、いつ収まり、いつ強欲さが高まって、いつ収まったかを特定できた。

　この戦略のルールは簡単だ。本書の多くの戦略と同様に、この戦略は恐怖と強欲という心理的な側面を利用しているためにエッジ（優位性）があった。この戦略では、恐怖が最大になったとき（ノイズが大きいとき）に取る予定のポジションの最大部分を買い、強欲が最大になったときにポジションの最大部分を空売りする。

　TPSとは一体、何を表すのかを見ておこう。

　TPSとは次の略だ。

T　タイム（時間）

P　プライス（価格）

S　スケールイン（分割での買い下がり、分割での売り上がり）

　TPS戦略では、ETFが買われ過ぎか売られ過ぎのときを特定して、買われ過ぎか売られ過ぎになるにつれて増し玉をする。タイム、プライス、スケールインを組み合わせて、恐怖が高まったときに買い、強欲が高まったときに空売りをする。

　ルールの説明をする前に、まずこの戦略の背景について話そう。

　私たちは2006年から世界中のトップクラスのプロのトレーダーで構成されるチェアマンズ・クラブという民間の研究グループの活動にかかわってきた。この団体にはヘッジファンドの運営者やトレーダー、大手プロップファーム（自己資金のみを運用する投資専門会社）のオーナーやトレーダーのほかに、自分の資金を運用して成功した人々も属している。彼らは多額（5桁）の年会費を払っていた。彼らは世界的に見ても優秀で賢明なトレーダーたちだった。長年にわたって彼らといっしょに働く機会を持てて、私たちは光栄だった。

　TPS戦略はまず2008年にチェアマンズ・クラブの会員に教えられて、その後広がっていった。広がるにつれて、文字どおり何千ものTPS戦略の変化形が会員に公開・提案されてきた。この全体像をとらえるには、何千ページ（つまり、百科事典1冊分）を費やして、TPS戦略の完全な調査結果とそれを利用した多くのトレード法を公表する必要がある。さらに、トレーダー自身でTPS戦略を広めた多くの手法がある。そうした手法を私と個人的に共有している人もいるが、明らかに私がそれらを開示することはできないし、するつもりもまったくない。

　したがって、TPS戦略の全体を1つの章にまとめることはほぼ不可能だ。しかし、背後にある考え方を知っておくのは重要だと思った。そうすれば、TPS戦略のトレードや研究や学習をしたいかどうかを自分で判断できるからだ。恐怖の高まりで買い、強欲の高まりで売るという考え方を受け入れるのであれば、TPS戦略は役に立つ。

　これがTPS戦略の背後にある基本原則だ。繰り返すが、TPS戦略を利用したトレード法は文字どおり何千もの変化形があることを忘れな

いでほしい。

　買いの場合のTPS戦略のルールは次のとおりだ。

1．ETFは200日単純移動平均線を上回っている。
2．2期間RSI（相対力指数）の値は2日連続で25を下回っている。大引けで自分が取る予定のポジションの10％分を買う。
3．大引けで価格が最初の仕掛け値よりも下がっていれば、ポジションを取っているどの日でも、さらに20％分を買う（増し玉をする）★。
4．大引けで価格が前の仕掛け値よりも下がっていれば、ポジションを取っているどの日でも、さらに30％分を買う★。
5．大引けで価格が前の仕掛け値よりも下がっていれば、ポジションを取っているどの日でも、さらに40％分を買う★。
6．2期間RSIの値が70を上回って引けたときに手仕舞う。検証結果を示す前に買い下がりで行ったことを見ておこう（売り上がりでは、これと正反対のことを行う）。

　この10％、20％、30％、40％の買い下がり手法（別名1－2－3－4）を使って、大きく売られ過ぎたETFで予定のポジションをすべて取っている。

　★　ETFが大引けで200日移動平均線を下回ったときは、どんな場合でも新たに買いポジションを取ってはならない。

　では、ルールの核心をつかんで、値動きの背後にある動きを完全に理解しよう。

1．2期間RSIの値が2日連続で25を下回って引けるまで待つことで、上昇トレンドである200日移動平均線を上回っているETFが売ら

れ過ぎになるまで待つ。そして、取る予定のポジションの10％分だけ試し買いをする。多くの場合、ETFがこの水準に達すると、売りが出て買いが消え始める。それは通常、間近に迫った政治か経済に関するイベントに不安があるか、市場不安を引き起こすイベントが実際に起きているためだ。

2．その後、ETFが下げて引け、売られ過ぎになる日を待ってから、さらに20％分だけ買う。売りが増えるということは、恐怖が高まっているということだ。

3．そして、ETFがもっと下げて売られ過ぎになる日を待って、さらに30％分を買う。この時点で、不安は苦痛に変わりつつある。これで、最低でも４日間は下げている（場合によっては、相当の売りが出ることもある）。この状況では、悪いニュースが大きな関心事になっている。

4．私たちはETFがいっそう売られ過ぎになる日を待って、さらに40％分を買う。これでポジションを完全に取ったことになる。ここまで下げることはあまりない。少なくとも１週間売られ続けると、この日にはよく狼狽売りが広がる。これらのトレードは実行するのが最も難しい。興奮したメディアによってさらに動揺している世界中のトレーダーを相手にしている気分になるからだ（この戦略でトレードをしている人はだれでも同じことを言う）。あなたはここで本当に恐怖を抱いている人々に買い向かっているのだ。

5．ポジションを予定の10％しか取っていなくても、100％取っていても、保有銘柄が上げて、２期間RSIの値が70を超えて引けたら手仕舞う。これが起きるのは、恐怖心や狼狽や動揺が弱まり、価格が上げるにつれて恐怖心が消えて、買い手が再び市場に「安全」に戻れるようになるためだ。

　タイム（T）、プライス（P）、スケールイン（S）の組み合わせに

よって、私たちはポジションを取ったり解消したりする。

　検証結果は、過去20日間にわたって１日の最低出来高が25万口以上あったすべての非レバレッジ型、非インバース型ETFについて、2006〜2017年に行ったものだ。見て分かるように、２－３－５の比率で買い下がった場合の勝率は85.1％だった。そして、１－２－３－４の比率で買い下がった場合の勝率は88％をわずかに上回った。SPYの場合の検証は1993〜2017年に行った。２－３－５の比率で買い下がった場合の勝率は91.47％だった。１－２－３－４の比率で買い下がった場合の勝率は94.79％だった。恐怖の高まりは、高い確率でトレード機会をもたらす。

　これまでに述べたルールに基づいて、流動性が高いすべてのETFについて検証した結果を見てみよう。平均損益率は１トレード当たりの実際の現金での投資に基づいていることに注意してほしい。

　TPS戦略を10年以上にわたって研究し、四半世紀前からのデータで検証した結果を見ると、TPS戦略における動きは世界的な現象だと自信を持って言える。アメリカ市場の主要な指数やセクターで勝率が高いだけでなく、世界のほかの市場でもかなりのエッジがある。

表8.1　TPS戦略での買いの検証結果——すべての非レバレッジ型、非インバース型のETF

トレード方向	買い下がり	トレード数	勝率	平均損益率	平均保有日数	勝ちトレードの平均利益率	平均保有日数	負けトレードの平均損失率	平均保有日数
買い	2/3/5	15,661	85.10%	1.06%	4.7	1.70%	3.72	-2.63%	10.27
買い	1/2/3/4	15,661	88.04%	1.18%	4.7	1.73%	3.87	-2.82%	10.81

表8.2　TPS戦略での買いの検証結果——S&P500ETF

トレード方向	買い下がり	トレード数	勝率	平均損益率	平均保有日数	勝ちトレードの平均利益率	平均保有日数	負けトレードの平均損失率	平均保有日数
買い	2/3/5	211	91.47%	1.14%	4	1.39%	3.42	-1.46%	10.22
買い	1/2/3/4	211	94.79%	1.21%	4	1.38%	3.59	-1.97%	11.55

次は中国銘柄における TPS 戦略の値動きの例だ。中国企業を対象と
した主要な ETF は FXI である。

例8.1　iシェアーズ中国大型株ETF（FXI）

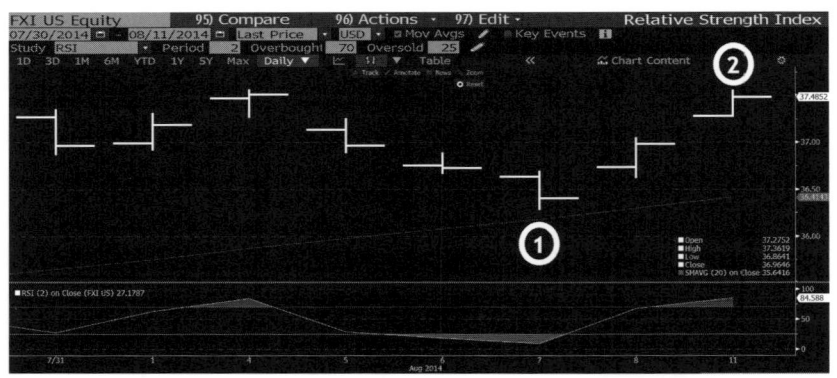

出所＝ブルームバーグ・ファイナンス（ブルームバーグ・ファイナンスの許可を得て使用）

1．FXIは200日移動平均線を上回っていて、長期的な強気相場である
　ことを示している。FXIは押して、2期間RSIの値が2日連続で
　25を下回る。1単位を買う。
　　ここで立ち止まって、この押しについて検討しよう。「恐怖は伝
　染する」というよく知られた真実がある。これは恐怖は広がると
　いうことだ。軍隊では何世紀にもわたって知られているし、多く
　の職業でも広く受け入れられている原則だ。
　　例8.1は恐怖が伝染する1例だ。過去数日間は、ヨーロッパを
　中心に世界の多くで相場が大きく下げていた。バンガードFTSE
　オールワールドETF（アメリカを除く）はこの日まで数日間下げ
　ていた。中国では、世界各地の景気減速は中国にも影響が及ぶと
　いう、どこででも言われることのほかにも、いくつか懸念があっ
　た。恐怖が広がるにつれて、香港市場に影響が及び、2期間RSI
　の値が1桁台の水準まで下がったため、極端に押したときに中国

企業を買う機会が生じた。

2．主要なカントリーファンドETFで80％を超える確率で起きたように、その後の数日で懸念は鎮静化して、市場に買いが入ってきた。2期間RSIの値は70を超えて引けた。これは恐怖の広がりで世界的に相場が下落したために、数日前にはかなりのエッジが生じていたが、恐怖が収まるにつれて相場が上昇したことを示している。利益を確定して、自分のポジションは「もう買っても大丈夫」と考えて、上げたあとで買う人々に売り渡すときだ。

例8.2　iシェアーズMSCIブラジルETF（EWZ）

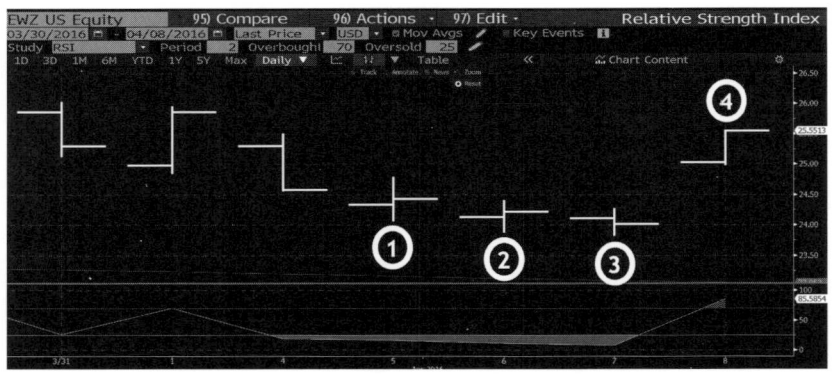

出所＝ブルームバーグ・ファイナンス（ブルームバーグ・ファイナンスの許可を得て使用）

1．EWZは200日移動平均線を上回っているが、大きな政治スキャンダルが問題となり、下げ始めている。2期間RSIの値は2日連続で25を下回って引ける。ブラジル議会は大統領の弾劾を検討していて、政治的混乱の恐れから価格は下げて、恐怖はさらに高まる。価格下落＋政治的混乱＝最初の1単位の買い。

2．政治不安が続いているために買い手控えが起きていると同時に、損失を恐れてポジションを解消する動きもあり、下げが続いている。2単位目の買い下がりを行う。

3．2016年3月7日。EWZが4日連続で下げて、この週に7％下げたため、恐怖がさらに高まる。この時点ですべき「賢明な」ことは、様子見か売りだ。売りが圧倒的に多いからだ。TPS戦略は大引けで総ポジションの30％分を追加で買うように指示する。

4．狼狽売りが行きすぎたため、EWZは翌日に大きく上げた。買い手は「状況が安全になったように見えた」ので、前日の終値よりも4％高く寄り付きに買い、日中を通じて買い続けた。2期間RSIの値が手仕舞いのシグナルを出したので利益を確定した。

　3つ目の例は、最悪の時期のときである。

例8.3　iシェアーズS&Pラテンアメリカ40ETF（ILF）

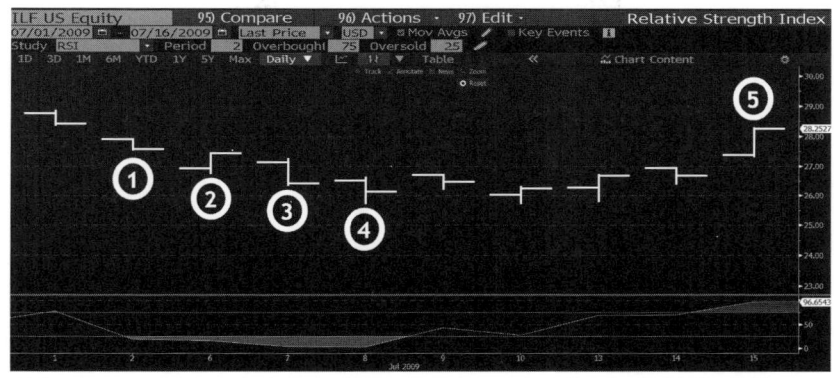

出所＝ブルームバーグ・ファイナンス（ブルームバーグ・ファイナンスの許可を得て使用）

　世界の市場は2008年から2009年3月まで壊滅的だった。恐怖心が市場に浸透していて、相場が底を打ち始めても、世界中の投資家は損が増えるのを恐れていたため、ボラティリティが非常に高かった。

　TPS戦略を学ぶことに加えて、この例を使ってさらに何かを学ぼう。買い方から見れば、長期的な弱気相場から抜け出すときは特にトレードにもってこいの状況だ。損をしそうだという恐怖心が非常に強いことや、新近効果（前の出来事よりも最近の出来事を不合理なほど重視すること）、そして多くの売り方による大量の買い戻しが行われる可能性があることから、たいていは大量の資金が様子見の状況にある。これらすべてが相場を急騰させる材料となる。

　チャートを調べる機会があれば、インターネットバブルがはじけたあとの2003年からと、信用危機による暴落後の2009年から始まる値動きを見てほしい。特に、ボラティリティが高い株式の値動きには目を見張るものがある。その理由は、①恐怖が収まり、投資家が大挙して市場に戻り始める、②FOMO（機会損失の恐れ）という感情がわき起

こる、③売り方は相場が自分たちのポジションに逆行し始めているので、含み益が急速に含み損に変わり、それがしばしばかなりの額になって恐怖を感じている。

これら3つの恐怖が同時に現れるのは最悪の時期だ。世界のどの株式市場であれ、弱気相場から強気相場に移るときには、これら3つの恐怖が重なって、歴史的には株価がかなり上昇したことが分かっている。そのため、ここからかなりの利益を得ることができる。これはアメリカに限った話ではない。世界のどこでも同じだ。人間の感情、特に恐怖に対する反応は世界のどこでも変わりないからだ。

ここでは、iシェアーズ・ラテンアメリカ40ETF（ILF）でこれが起きたのを見ることができる。

1．価格は200日移動平均線を上回っているが、2期間RSIの値は25を初めて下回った。
2．2日目もRSIの値は25を下回っている。最初の1単位を買う。
3．前の仕掛け値よりも下げたので、2回目の単位を大引けで買う。
4．再び、前日の終値よりも下げたので、3回目の単位を大引けで買う。
5．数日横ばいしたあとに「離陸」した。利益を確定する。

価格が200日移動平均線を上回っている状況で、特に恐怖感が徐々に高まっているときに買っていたら、世界中で何十年間にもわたって勝率の高いトレードができていた。

TPS戦略での空売り

信じられないかもしれないが、TPS戦略のルールをひっくり返して、弱気相場で同じETFを空売りした場合を過去データで検証すると、そ

の結果は強気相場で買ったときの検証結果と同じくらい良い。弱気相場の期間に楽観的な見方が次第に高まって、やがて強欲に変わったあと、現実が姿を現して再び反落することが多い。

　次は空売りの場合のTPS戦略のルールだ。

1．ETFは200日単純移動平均線を下回っている。

2．2期間RSIの値は2日連続で75を上回っている。大引けで自分が取る予定のポジションの10％分を空売りする。

3．大引けで価格が最初の仕掛け値よりも上がっていれば、ポジションを取っているどの日でも、さらに20％分を空売りする（増し玉をする）★。

4．大引けで価格が前の仕掛け値よりもさらに上がっていれば、ポジションを取っているどの日でも、さらに30％分を空売りする★。

5．大引けで価格が前の仕掛け値よりもさらに上がっていれば、ポジションを取っているどの日でも、さらに40％分を空売りする★。

6．2期間RSIの値が30を下回って引けたときに手仕舞う。

　★　ETFが大引けで200日移動平均線を上回ったときは、どんなときでも新たに売りポジションを取ってはならない。

　検証結果は次のとおりだ。

表8.3 TPS戦略での空売りの検証結果——すべての非レバレッジ型、非インバース型のETF

トレード方向	売り上がり	トレード数	勝率	平均損益率	平均保有日数	勝ちトレードの平均利益率	平均保有日数	負けトレードの平均損失率	平均保有日数
空売り	2/3/5	9,146	77.19%	1.52%	5.67	3.01%	3.87	-3.52%	11.77
空売り	1/2/3/4	9,146	80.38%	1.79%	5.67	3.05%	4.04	-3.39%	12.34

表8.4 TPS戦略での空売りの検証結果——S&P500ETF

トレード方向	売り上がり	トレード数	勝率	平均損益率	平均保有日数	勝ちトレードの平均利益率	平均保有日数	負けトレードの平均損失率	平均保有日数
空売り	2/3/5	78	79.49%	1.29%	5.26	2.04%	4.13	-1.62%	9.63
空売り	1/2/3/4	78	82.05%	1.46%	5.26	2.09%	4.23	-1.38%	9.93

　2006〜2017年の世界の市場を見ると、ほとんどの市場で2017年のほうが2006年よりも大幅に高くなっていた。実際、ほとんどの市場とETFの価格は大半の年で年初よりも年末のほうが高かった。それでも、200日移動平均線をトレンドのフィルターとして使うと、いつ相場が下降トレンドに入って（ほとんどの投資家が損をしている状況で）、恐怖と強欲のサイクルが展開しているかが分かる。

　200日移動平均線を下回っているときに価格が上昇すると、①恐怖感の解消、②機会損失の恐れの高まり、③売り方のパニック——へと続くことがよくある。これら３つの恐怖が重なると価格が上昇する。そして、これらの恐怖（と、しばしば強欲）に引き付けられた投資家の反対側に立つことを望む人々にとって、ここは素晴らしい仕掛け場に

なる。検証では、2－3－5の売り上がりでは、平均1週間以内にシグナル数の77％以上で価格が下げて、1－2－3－4の売り上がりでは81％以上で下げた。

次はEWZで見た、このセットアップの例だ。

例8.4　iシェアーズMSCIブラジルETF（EWZ）

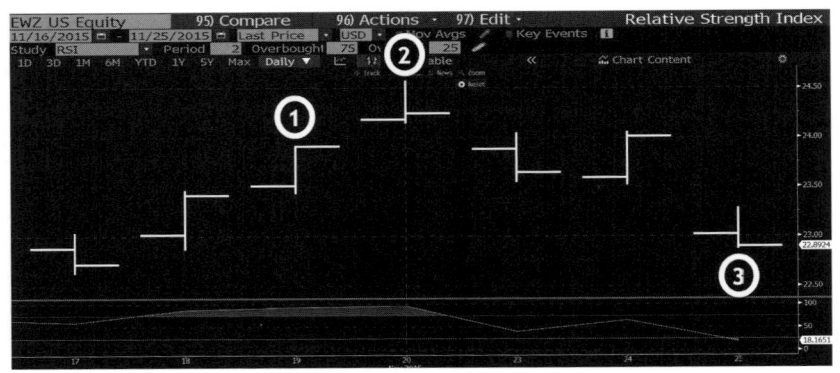

出所＝ブルームバーグ・ファイナンス（ブルームバーグ・ファイナンスの許可を得て使用）

　ブラジル市場は政治スキャンダルで壊滅的状況だった。EWZは200日移動平均線を大きく下回っていて（図示せず）、本格的な弱気相場だった。

1．EWZが上げて、2期間RSIの値が2日連続で75を上回って引ける。1単位を空売りする。
2．翌日も上げ続けたので、より高値で売りポジションを増やす。
3．価格が200日移動平均線を下回っているときには、どんなに良いこともしばしば（常にではなく、しばしば）終わる。ここでもそれが当てはまり、相場は反落して、それまでの数日間の買い手は含み益が消える。過去5日間にEWZを買った人はみんな、今日の大引けで再び損をする。2期間RSIの値が18で引けたので、利益を確定する。

　アメリカ以外の例を出したのは意図的で、市場での恐怖や強欲は世

界中のすべてのトレーダーに共通するものだということを改めて言っておきたかったからだ。

　TPS戦略では、恐怖が積み重なるまで待つ。恐怖が長く続くほど、恐怖の高まりに合わせて買い下がれば、トレード機会の大部分でうまく価格が上昇する。買いの場合、多くのETFにこの戦略を当てはめると、90％近くで価格は上昇した。空売りの場合、2006年以来、81％で価格は下落した。特に金融市場では、恐怖の積み重なりは強い力となる。

追加情報

1．増し玉という考え方は昔からある。買うときには、恐怖が市場で高まるにつれてポジションを増やし、恐怖が収まるときに手仕舞う。

　　興味深いことに、長期の成長株投資を行う人々のなかにも、同じように買い下がりの手法をよく用いる人々がいる。彼らはファンダメンタルズがしっかりしていて、成長見通しが非常に明るいと思う株を買う。株価が下げてファンダメンタルズに変化がなければ、彼らは買い増す。

　　メリルリンチにいたとき、私はロサンゼルスで非常に著名な家族や個人のために資金運用をして大成功した人の1人と働いていた。私は彼がときどき顧客に、「今日はこの株を買うつもりです。今夜はこの株が下げると思って帰宅してください。下げたら、もっと買いますから」と話すのを聞いた。彼は成長株を選別する自分の能力に信じられないほどの確信を持っていた。彼の顧客の多くは著名人だった。彼らは上場企業の経営者、エンターテインメント業界の有名人のほかに、ホワイトハウスの高官に上り詰めた人も少なくとも2人いた。彼は株を選別する能力と、株価が下げたときに正確に買い増す能力を通じて、顧客のために一財産を作

った。私はそれを直接見ていた。彼がいつも正しかったわけではないが、長年にわたって大部分の株を安値で買い集めることができたので、顧客の利益は途方もなかった。

　投資家たちはTPS戦略を用いて、過小評価されていると考えた成長企業の株をさらに安値で買い集める。それらの株は多くの理由で過小評価される可能性がある。重要なのは、さらに安値になったときに彼らが株を買い増しているという点だ。私たちトレーダーは短期でまったく同じ手法を用いている。私たちは恐怖のせいでしばしば安値を付けることが多いETFを買い増して、市場で恐怖がさらに高まるといっそう買い増す。本書で繰り返し見たように、市場で恐怖が高まるほど、証券の価格が過小評価される可能性が高くなる。

2. 検証結果から分かるように、勝率は非常に高い。これらは非常に短期のトレードであり、予定のポジションをすべて取るまで買い下がることはほとんどないため、1トレード当たりの平均利益は本書のほかの戦略ほど高くない。恐怖はしばしばあっという間に収まる。何よりも目立っているのはこの戦略が過去から一貫して通用していることであり、強気相場では一貫性がさらに高まる。強気相場では、恐怖はアメリカだけでなく世界中の株価指数に周期的に現れる。

3. どの証券でも、それらを直接保有すればリスクは限定されない。TPS戦略でもその点は変わらないので、オプションの使用を検討する必要がある。オプションは保険に使うことができる。実際、引退するまで長年いっしょに働いていたプロのトレーダーの1人は、この戦略でS&P500の先物を買うと同時に、「ディープ・アウト・オブ・ザ・マネーのプットをフルポジションで」買っていた（本書は先物取引の本ではないので、以下は知識を伝える目的で説明しているだけだ）。

　S&P500関連の銘柄でこれがどのように行われるかの例として、２－３－５の買い下がりでポジションの20％を買うシグナルが点灯したとしよう。話を単純にするために、これは200口（または２枚）としよう。まだ、押し始めたばかりで、恐怖はそれほど高まっていない。そこで、同時にアウト・オブ・ザ・マネーのプットを10枚買うこともできる。どうして、２枚ではなく、10枚買うのか疑問に思うかもしれない。それはプットのインプライドボラティリティが小さい可能性が高いからだ（インプライドボラティリティはしばしば、恐怖が増すにつれて高くなることを思い出してほしい。ここでの場合、恐怖は次の買い増しをするときよりもはるかに小さい。言い換えると、価格が下げ続けるとすれば、インプライドボラティリティで測ったプットは将来よりも現在のほうが安い可能性が高いということだ）。彼はポジションをすべて取った場合のリスクをすでにカバーしている。

　そのルールは次のとおりだ。

1．彼は夜にぐっすり眠った。リスクをとる金額をあらかじめ決めていたからだ。彼は数百万ドルの資金をすべて投入してトレードをしていた。それはプットを買っていなければ、特にブラックスワン（予測できない衝撃的なイベント）が起きたときに途方もないリスクを負うことを意味する。リスクはさまざまな方法で認識することができる、そして、彼は自分のリスクを特定の金額に抑える必要があると知っていた。これは規律正しいリスク管理であり、考え方だ。

2．彼はリスクを事前に限定することができたので、大きなポジションを取ることができた。リスクが最大でいくらになるか分かっていたので、資金を最大限に使えた。彼の判断が正しかったとき（TPS戦略では、正しいことが多い）、非常に大きな利益を得た。

3．この手法の主な欠点は、買い下がりで一度しか買っていないときに（例えば、取る予定のポジションの10％か20％）、すぐに上げると、オプションと合わせたポジションでの損益は良くてゼロかもしれない。だが、いくらか損が出ると考えたほうがもっと現実的だろう。判断が正しいのに、利益が得られないか損をするのは楽しいことではないということだ。しかし、彼の考えでは、それはトレードの判断が正しかったときにかなりの年間利益を達成できるだけのポジションを取るために、リスク額を事前に決めて、完全に身を守るうえで支払うべきコストなのだ。買い下がりの最後の回は心理的に最も厳しい（思い出してほしいが、その時点で、トレーダーは世界に逆らってポジションを取っているのだ）。彼は自分で推測したり、価格は下げるほかないと語る専門家やメディアに耳を傾ける立場にいたりしたくはなかった。彼はすでに自分の身を守っている。彼はリスク額をあらかじめ決めていて、することは「動きをあるがままに見て、トレードをする」だけだった。外部のとんでもない恐怖感や雑音はすべて容易に無視できた。

4．この手法は時期によって異なる働きをする。アウト・オブ・ザ・マネーのプットオプションは保険として買われることが多く、そのコストはだれが大統領なのかを含めて多くの要因によって、常に変動する。オプションに精通している人であれば、すでにこのことは知っているはずだ。オプションの初心者のために、オプションのトレードの知識を増やせるように、私の推薦する著者を**付録9**でリストにしている。

5．TPS戦略のトレードでは、最初のRSIの水準、そのRSIの水準を何日下回るか、増し玉のやり方、オプションを併用するかどうか（および、オプションを使うことで得られる驚くほどの柔軟性）などにおいて選択肢がある。

まとめ

　TPS戦略には非常に多くの応用法があり、私は増し玉の手法が非常に多様なやり方で効果を発揮するのを何十年にもわたって見てきた。この考え方は広く用いられてきた。そして、どうして増し玉（あるいはナンピン）を好まないかについて、強固な考えを持っている人もいる（だれであれ、良くも悪くもすべてのことに意見を持っている）。重要なことは、多くの人と同じように、あなたがそれを適切だと考えるのであれば、恐怖と強欲を利用するトレードには統計的に裏付けられた体系的な手法があるということだ。

　TPSは「トレード戦略」であって、「ポートフォリオ戦略」ではない。つまり、これは株式ETFの買いだけを行い、何年も持っていれば価格が上がると「期待しながら」、愚かにも買ったことを忘れてしまうバイ・アンド・ホールドに取って代わったり、競い合ったりすることを意図した戦略ではないということだ。これは恐怖がいつ高まっているのかを特定するために使う戦略だ。恐怖が高まっているときにポジションの一部を取る。恐怖がその後も続いてさらに高まると、過去データから短期トレードで勝率が高いエッジを利用できると分かっているので、ETFが下げたときにより大きなポジションを取る。そのための資金は十分に用意している。市場に緊張があるときに投資家やトレーダーがどういう動きをするかは簡単に予想できるので、これらのエッジは何十年にもわたって繰り返し生じている。それらは1990年代初期から株価指数に一貫して存在してきた数少ない真の定量的なエッジの１つなので、これらの時期を利用しよう。

第9章
恐怖から生じるギャップ
Terror Gaps

「混乱のさなかに好機あり」――孫子

・・・・・・・・・・・・・・・・・・・・・・・・・・・・・・・・・・・・・

　市場で恐怖が高まっていてしばしば売りが激しいときに、勝率の高いセットアップを日中に見つけるための3つのステップを教えよう。これら3つのステップはもともと、あるプロのトレーダーから教えられたものだ。彼は「恐怖の高まりで買って、強欲の高まりで売る」という考えを元にトレードをして、彼自身と彼の家族のために一財産を築いた。彼はデータに基づいて判断をしていたわけではないが、市場でいつ恐怖が高まっているのかを直感で知り、何年にもわたってそれを利用してトレードをした。マネーマネジャーも投資家もトレーダーも「ぞっとしてパニックに陥った」ときに最大の利益を得た、と彼は言った。彼が言うには、理想的な時期は（TPS戦略と同様に）、これらの市場参加者が何日も不安になっているときに、日中にパニック（つまり、日中に急落）が生じて、彼らが理性を失ったときだ。この状況になったと分かると、彼はそこで大量に買った。

　これらが、彼が恐怖に陥った人々の反対側に立ってトレードをするときの3つの条件だった。非常に興味深いことに、これらの条件について厳密なルールを定めて定量化すると、彼がまったく正しいことがデータで示された。

　同様に重要なことだが、これらのルールは行動ファイナンスの観点からも理にかなっている。これらのセットアップが整ったときは、特

にETF（上場投資信託）の買い方にとっては楽しいときではない。これらのETFを買っている市場参加者は、ETFが大きく下げて損をすると、しばしば苦痛に耐えがたくなる。苦痛があまりにもひどいと、彼らは特に日中に狼狽売りに走る。ここが買いの理想的なタイミングだ。彼らはETFを手離して苦痛から解放され、今ではポジションを取っていない。引き換えに、私たちは歴史的に見てその後の数日間上げ続ける確率が高い水準まで下げたときに買った。

　私たちが彼の考え方をどのように取り入れて、3つのルールにまとめたかを見ておこう。まず、行動ファイナンスにかかわる点について検討したあと、それらを定量化する。

　彼が私に説明したやり方は次のとおりだ。

ルール1　証券（ここでは、ETFを指す）が過去数日間に大きく下げたことを確認する。数日にわたって大きく下げると、人々は不安になる。

ルール2　ETFがギャップを空けて下げる。ETFの保有者は過去数日で損をしただけでなく、朝に目覚めるとすぐに損が膨らんでいる。これは1日の始まりとしては最高ではない。

ルール3　次に、ETFが日中にさらに売られることを確認する。過去2～3日で損をしただけでも、彼らにとっては嫌なことだ。ところが、ETFはさらに下げている。彼らはしばしば頭が混乱し、身を守って生き残ろうという態勢（おびえた状態）に入る。この時点で彼らは非常に恐れを抱いていて弱気になっているので、理性を失って売ってしまうことがよくある。恐れを抱いている人々からここでETFを買うことができる。

　彼が私にこれらについて説明したとき、実に筋が通っていた。ETFは複数の株式をまとめたものであり、以上のことが起きたときは通常、

２つの理由のうちのどちらかのせいである。そのセクターが打撃を受けているうえに、アナリストやメディアがしばしば恐怖をあおっているか、市場全体が大きく下げているか、あるいはその両方だ。

　数日にわたる押しで、市場に不安が広がり、朝にギャップを空けて下げると、不安と恐怖はいっそう増して、日中の急落で短期的なパニックが生じる。行動ファイナンスの観点からは、これはまったく理にかなっている。この行動を厳密なルールに作り上げて、定量化する必要がある。

　私たちは彼の主張のそれぞれを次のようにルール化した。

ルール１　ETFはコナーズRSIの値が５を下回って引ける。これは頻繁には起きないが、実際に起きたときは絶え間なく売りが出ている（不安が広がっている）ことを意味する。

ルール２　ETFはギャップを空けて下げる必要がある。すべてのギャップが等しい意味を持つわけではない。ギャップは大きいほど良い。しかし、この戦略ではどんなギャップでもかまわない。買い方はギャップを空けて下げるのを嫌う。ETFが過去数日に下げていて、さらにギャップを空けて下げるのを彼らは嫌う。彼らは含み損が大きく膨らんでいるので、すでにパニックに陥っていて、その日にポジションをどうするか理性的に考えられなくなっている可能性が高い（コナーズRSIの値が５を下回っているときには、間違いなくそれが反映されている）。そして、さらにギャップを空けて下げる。１日をこんな風に始めたくはない。これは通常、彼らが苦痛を終わらせて、手仕舞おうと考え始めるときだ。

ルール３　私たちはさらに売られるところを探している。寄り付きにギャップを空けて下げたあと、恐怖から狼狽売りが広がることがある。この日中の下げはしばしば恐怖感を高める。何日も損をし続けたあと、自分の保有銘柄がギャップを空けて下げるのを見たうえに、

日中にさらに何％か下げるのを好んで見守る人はだれもいない。

　私たちは日中の下げをいくつかの水準で検証した。検証結果から分かるように、下げが大きいほど利益も大きくなる。

ルール４　コナーズRSIの値が70を超えたときに手仕舞う。

　表9.1を見て分かるように、このセットアップでは平均して３日後に手仕舞っている。狼狽売りによって弱い買い手がほとんどふるい落とされると、より強い買い手が入ってくる。価格が上げるにつれて、下げているときに恐れて安値で売っていた人々がまた買い始める（これは歴史的に「安く売って、危険が去ると高値でまた買う」という言葉で知られている）。

　過去20日間の１日平均出来高が25万口以上あるレバレッジ型ETFを含むすべてのETFで、恐怖から生じるギャップについて2006〜2017年に検証した結果を見よう。

表9.1　恐怖から生じるギャップの検証結果

指値を始値の何%下に置くか	トレード数	勝率	平均損益率	平均保有日数	勝ちトレードの平均利益率	平均保有日数	負けトレードの平均損失率	平均保有日数
2.50%	102	81.37	5.25	2.9	7.87	2.19	-6.21	5.89
2.00%	130	74.62	4.1	2.9	7.11	2.21	-4.73	4.85
1.50%	190	74.74	3.33	3	5.99	2.44	-4.53	4.52
1.00%	275	77.82	3.02	2.9	5.16	2.3	-4.47	4.84

1．12年間のデータでは、下にギャップを空けた日の寄り付きから1％下に指値を置いた場合、恐怖から生じるギャップの77％以上で利益になった。寄り付きから少なくとも2.5％下げることを見込んだ場合では、81％以上で利益になった。

2．1トレード当たりの平均利益は、ETFでは非常に高い（1日保有して1％以上）。すでに述べたように、売りは恐怖から生じることが非常に多く、一度この売りが尽きると、ETFはたいてい急反発する。

3．恐怖から生じるギャップでの平均保有期間は平均して3日以内だ。狼狽売りは非常に短期間のうちに狼狽買いに変わる。コナーズRSIの値が70を超えたら、すでに恐怖を感じなくなった買い手にいつでもETFを売り渡してよい。価格がさらに上げることもあるが、さまざまな方法でポジションをもっと長く維持した場合をリスク・リワード・レシオで検証した結果では、コナーズRSIの値が70を超えたときに手仕舞うという戦略よりも良いものは何も見つからなかった。これはおそらく行動ファイナンスにかかわる要素のせいだ。私たちは市場で恐怖が高まって、エッジ（優位性）が大きいときにETFを買ったが、ETFが上げるとエッジは消える。私たちは買ったことで、すでに十分に報われている。

恐怖から生じるギャップダウンの例を２つ見ておこう（２つ目は追加情報の節に載せている）。

例9.1　ディレクション・デイリー・セミコンダクター・ブル３倍株ETF（SOXL）

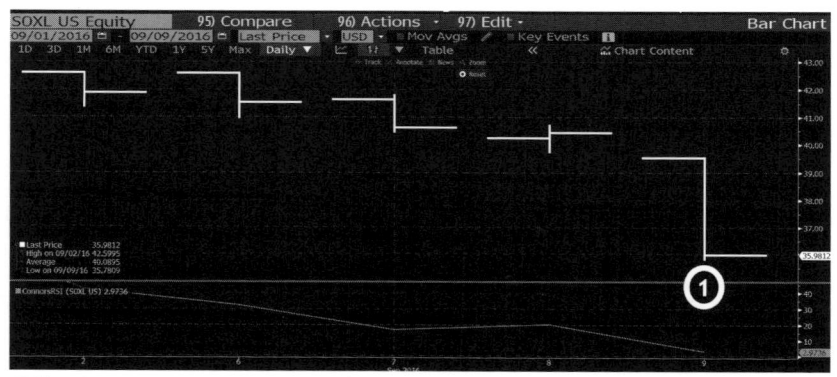

出所＝ブルームバーグ・ファイナンス（ブルームバーグ・ファイナンスの許可を得て使用）

1．2016年９月９日に、ボストン連邦準備銀行のエリック・ローゼングレン総裁が、金利の引き上げをいつまでも先送りしていれば金融不安を招くと警告すると、株式市場で幅広い銘柄が売られた。投資家は、金利が上昇すればこれまで何年も続いていた金融緩和が終わり、すぐに不況に陥ると考えて狼狽したため、ダウ平均は400ポイント近く急落した。

　　SOXL（ディレクション・デイリー・セミコンダクター・ブル３倍株ETF）は10％以上も下げた。市場では景気後退によって半導体が大きく打撃を受けることを認識しているからだ。コナーズRSIの値は５を下回って引ける。翌日に半導体銘柄がギャップを空けて寄り付いたあと、さらに下げたら買いのシグナルが点灯する。

**例9.2　ディレクション・デイリー・セミコンダクター・ブル3倍株ETF
　　　（SOXL）**

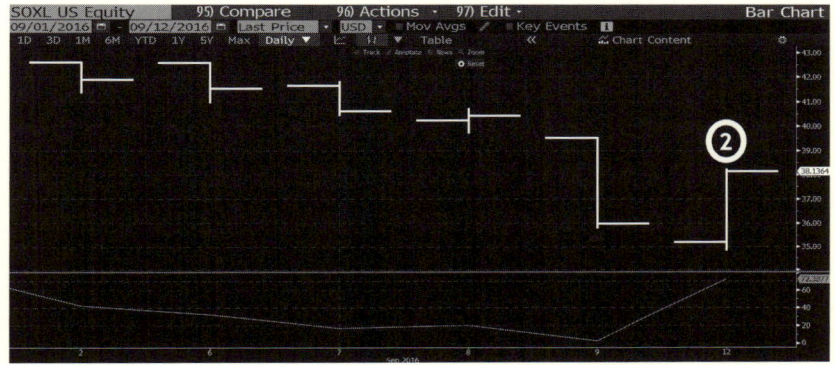

出所＝ブルームバーグ・ファイナンス（ブルームバーグ・ファイナンスの許可を得て使用）

2．前日の狼狽売りは翌日も続き、SOXLはギャップを空けて寄り付くと、さらに売られた。この戦略での買いシグナルが34.84ドルで点灯すると、数分以内にSOXLは反騰して、その日のうちに9.5％近く上げて、38.13ドルで引けた。

追加情報

1. 注意してほしいことがある。検証した期間全体の結果は、**表9.1**のものよりもかなり良かった。**表9.1**の検証結果が低いのは、2008年10月10日と2015年8月24日（ETF市場が混乱して急落したあと、反騰した日）の分を検証結果から意図的に外したためだ。理由は次のとおりだ。

   2008年10月10日には多くのETFがギャップを空けて大きく下げたあと、さらに売られた。ゼネラル・エレクトリック（当時の主導株）は利益が計画を大幅に下回ると発表した。ムーディーズはモルガン・スタンレーの信用格付けを再び引き下げる検討をしていると述べた（これはリーマンショックが起きた直後だった）。そして、追証が払えないための強制決済や投資信託の償還による大量の売りが出た。昼までにS&P500は1996年以来、7日間で最大の下落をしていた。

   2015年8月24日に売られ過ぎの状況が発生したあとにも、同じように大量の売りが出た。何十銘柄ものETFが恐怖の広がりのせいで、反騰する前にギャップを空けて大きく下げた。

   過去の検証結果を見ると、この戦略によるシグナル数の30％以上がこの2日に点灯し、その後の2日間で反騰したあと多くの銘柄は10％以上も上げた。この2日のせいで、検証結果が過大に評価される可能性があるため、どうするかを決める必要があった。この2日を入れておくのは簡単だったが、入れたままにしておくことで結果が非常に良くなるよりも、この2日を外すほうがより現実的（より保守的）な見方だと考えたのだ。

例9.3　iシェアーズ・ラッセル1000成長株指数（IWF）

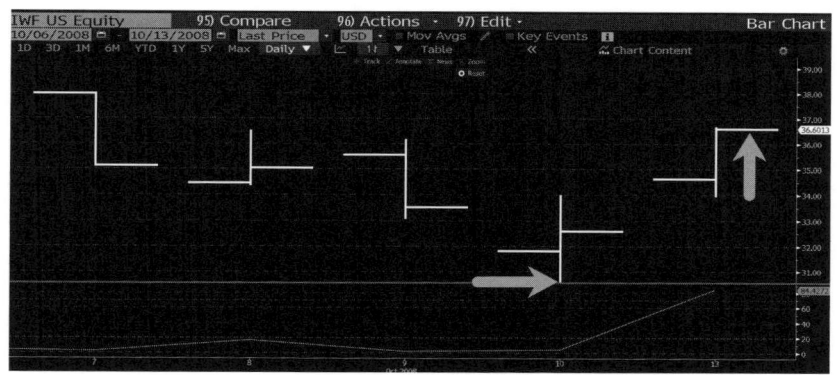

出所＝ブルームバーグ・ファイナンス（ブルームバーグ・ファイナンスの許可を得て使用）

　IWFは２取引日で20％以上も上げた。その日には恐怖から生じるギャップダウンによって、何十もの銘柄でも買いシグナルが点灯して10％以上上げた。

1．この２日は本当に恐怖が高まった。この２日のような出来事が再び起きるだろうか。その可能性はある。しかし、ほかの日を適切に反映させるために、この２日を外した検証結果を公表することにした。こうするのはおそらく慎重すぎるだろう。この２日のような日が再び起きたら、そうした日をあなたへの贈り物と思えばよいのだ。

2．より大きな視点では、これらのエッジが生じる動きは本書を通して見てきたものと同じだ。投資家は苦痛を好まないし、彼らは底値近くで売って苦痛から逃れることが多い。

3．この戦略は恐怖のなかで次に述べる流れを特定する。

　a．数日にわたって市場に強い恐怖が広がる。

　b．ETFがギャップを空けて下げ、その衝撃が翌日も続く。

　c．寄り付きから売りが続き、混乱や狼狽売りによって弱い買い手

はふるい落とされ、ETFはより強い買い手に渡った。

4．行動ファイナンスにかかわるこれら3つの要素を組み合わせると、長年にわたって繰り返し現れるパターンが生じる。これは統計的に裏付けられている。恐怖が市場で高まり、含み損が増え、翌日に含み損がもっと増え、日中にさらに含み損が膨らむことで、狼狽売りが引き起こされる。いったん売りが尽きると、価格は上げて、恐怖は収まり、機会を逃すのを恐れる感情が表れるのと同時に、売り方が狼狽して買い戻すために、価格はさらに上げる。これは本書で繰り返し見てきた行動ファイナンスにかかわる動きであり、定量的な裏付けがある。ここの例では、恐れは狼狽を生み、最終的には極度の恐怖に変わる。市場での強い恐怖ほど短期的なエッジを素早くかつ大きく高めるものはない。

第10章
市場で恐怖が高まったときに買い、強欲が増したときに売る

Buying Fear, Selling Greed

・・

　ここまで、戦略を一つ一つ学んで調べてきたので、これまでに学んだことをまずまとめてから先に進もう。

1．恐怖はトレードでエッジ（優位性）を生み出す。間違いない。
2．市場で恐怖が高まるほど、エッジは大きくなる。
3．強欲もエッジを生み出す。強欲は恐怖ほど強い感情ではないので、エッジはそれほど強くないが、確実にある。特に、弱気相場でFOMO（Fear Of Missing Out、機会損失の恐れ）という感情が生じているときにはエッジがある。
4．権威ある人々ほど、多くのトレーダーや投資家に影響を及ぼし、しばしば恐怖を最も高める。メディアは（伝統的なものとSNSの両方とも）これら個人の相場観を広め、時には一時的にパニックを引き起こすほど大げさに伝える。
5．強気相場で恐怖が高まったあと、反騰することが多い。弱気相場で恐怖が高まっても、それはもっともだと受け入れられるため、価格の変動が大きく、通常は強気相場で生じる恐怖ほどの利益は得られない。
6．長期でも短期でも、狼狽売りによる下げが底を打つのは買い手が一気に入ってくるからではない。最後の売り手が売ったときに底

を打つのだ。彼らはプロであれ個人であれ、もはや損をする苦痛に耐えられない（業界では、「吐き出す（puke it up）」と言う）。その時点で買ったトレーダーは判断が正しければ、有利な価格で買える。その証券は弱い買い手から強い買い手に移る。それは人間に固有の感情から起きるダーウィン流の淘汰だ。

7. 失うことに対する恐怖は人間に組み込まれた非常に強い感情だ。買い手にとっては、それがエッジになる。

8. RSI（相対力指数）パワーゾーンで見たように、恐怖は世界のどの市場でも現れる現象だ。世界のほかの市場では、何十年も前からETF（上場投資信託）の短期の値動きをシグナル数の80％以上で正しく予測している。アメリカでは、SPY（S&P500ETF）の短期の値動きをシグナル数の91％以上で正しく予測している。これは偶然ではない。それは売りが出ると、買い手が様子見をするが、イベントが過ぎ去るか恐怖が収まると、再び買いが入るからだ。それは政治的・経済的・技術的な変化が多かったこの四半世紀に繰り返し起きた。これまで変わることがなかったし、今後も変わらないものは人間の感情だ。

9. クラッシュ戦略とTPS戦略での空売りで見たFOMO（機会損失の恐れ）という感情は本当に生じる。クラッシュ戦略では、ほとんどの場合、これらの感情から買われる株には現実感がまったく失われる。機会を逃す恐れは非常に強力であり（まさに強欲）、しばしば証券価格を一時的に不合理なほどゆがめる。

10. VXXは無価値になるように設計されている。これは構造的に非効率的だ。9年連続で下げたことで、何か問題があるとだれにでも分かる。あなたは本書で、これが設計された理由や方法、その非効率性、だれがなぜこれをトレードするのかを理解した。恐怖で動く、この構造的に非効率的な証券を利用する戦略は2つある。このトレードに、オプションで最大リスクを事前に決めておく方法

を追加して、リスクに対するリターンが大きくなるようにすれば、勝利の方程式が出来上がる。

11. 52週高値を付けたあとの深押しで、上昇と下降のサイクルが生じる。52週高値に向かっているときにその株を保有している人は含み益になっている。多くの場合、ポジティブなニュースが出て彼らが安心する一方で、良いニュースで価格は絶対に上げると「論理的に考える」買い手が新たに引き寄せられる。それらの株が上げずに売られると、市場に恐怖が高まる。その恐怖は時に狼狽売りを引き起こし、日中に株価が下げると、理性を失った買い手が売る。その時期にそこで買えば、平均して5取引日以内に上げた。恐怖から生じる、売りに関する影響力の大きな研究を利用すると、52週新高値でトレードをするための体系的で定量的な手法ができる。

12. 中長期の上昇トレンドの時期に、恐怖が広がったせいで売られ過ぎになった銘柄を買い下がる戦略は、何十もの株式ETF、特にアメリカのETFで一貫してパフォーマンスが良かった。この買い下がりの手法は、ほかにも成功した投資家たちが安値で株を買い集めるときに使ってきた。TPS戦略では、恐怖が高まるにつれて買い下がる。そして、恐怖が収まって、また買っても大丈夫と考えた買い手がしばしば高値で買い直すときに手仕舞う。弱気相場でも同じことが当てはまる。トレード機会を逃すのを恐れる買い手の強欲と、価格の上昇で損が膨らむのを恐れる売り方の恐怖によって、価格が押し上げられたあと、やがて現実、通常は弱気相場であるという経済的現実があらわになる。そのせいで価格が下げるため、過去20年間に世界の市場は全体として大きく上げたにもかかわらず、この期間のシグナル数の77％以上で空売りによって利益が得られた。

13. 証券が何日も売られたあと、恐怖の高まりから翌日にギャップを

空けて下げると、証券を保有している人々はまったく落ち着けず、恐れを抱く。その後、再び寄り付きでギャップを空けて下げたあと、さらに下げると、ほとんどの場合、彼らはとにかく手仕舞いたいと思う。彼らはもはや苦痛に耐えられない。歴史的に見ると、ここが彼らの苦痛を取り除いて有利な価格で買う機会だ。

14. 本書では、幅広い検証や実例を通して、恐怖が高まったときに買い、強欲が増したときに売ることが最も良い定量的なトレード法だということを見てきた。私の考えでは、これはトレーダーにとって今でも本当にエッジがある数少ない領域であり、このエッジは今後も長く残り続けると信じている。

市場は変化する。それは常に変わるものだ。だが、人間の感情は変わらない。感情、特に恐怖と強欲が市場で極端に高まったときを特定して、その過程を体系化・定量化して、そこで何度も繰り返してトレードを行おう。

トレードを執行するための追加情報

トレードの執行、つまり個々のトレードを最もうまく行う方法、ポートフォリオの構築、リスク管理、市場の相関、セクター内の相関、トレードを成功させるためのほかの多くの重要な要素はすべて、それぞれで1冊になるテーマだ。人々はこれらのテーマを生涯、研究し続ける。

これらは重要なので、ここで簡単に説明しておく。付録に載せた著者たちから学ぶなどして、これらのテーマについてさらに知識を深めてほしい。付録には、読者が学ぶためのトレード情報も載せている。

リスク管理

　オプションのトレード法を学ぼう。オプションについて何も知らないのなら、一から始めよう。オプションを理解すれば、トレードも上達する。あなたがプロなら、もっと深く学ぼう。オプションを使えばリスクを限定できるようになるなど、さまざまなことが行える。また、それによって、リスクに比べて大きな利益が得られる。

　短期トレーダーは今や毎週、満期日を迎えるオプションを何百とトレードできる。S&P500をトレードする場合、週に3回（月曜日、水曜日、金曜日）の満期日から選べる。私が初めてトレードをし始めたときには、オプションの満期日は四半期ごとしかなかった。考えてほしい。たとえトレードをしたい証券でオプションが利用できていたとしても、ポジションを取るためには本書で学んだトレードの機会が3カ月も続いている必要があっただろうか。今では、1年に文字どおり何百万通りもの組み合わせが可能だ。オプションを利用できる証券は何千とあり、多くの権利行使価格から選べて、満期日も複数ある。

　現在はオプション取引の黄金時代であり、今後も良くなることはあっても悪くなることはない。リスクに比べて大きなリターンを得る機会があるうえに、リスク金額を事前に決めたトレードを構成できるようになったのに、どうしてリスクが限定されないポジションを取るのだろう。オプションについて教えてくれる良い本はたくさんある。そして、そこが出発点だ。次に、オプション取引の適切なプロと1対1で学べば、さらに進歩するだろう。大きなエッジがあるときに最適なトレードを構成する方法をオプションのコーチから習うのは、自分に対する素晴らしい投資であり、その後何年も報われる可能性がある。

トレードの執行

有利な約定ができる執行方法を学ぼう。今日のほとんどの取引プラットフォームの技術はこれまでで最も優れている。ブローカーはトレーダー向け事業で競い合っているので、今後も向上し続けるだろう。自分が使っているブローカーで執行に関するワークショップがあれば、参加しよう。それは退屈なものではなく、チャンスなのだ！

定量化する

私は本書で、本能的に恐怖の高まりで買い、強欲の高まりで売ることができる知り合いのトレーダーたちの例を取り上げた。彼らの多くはそのスキルをフロアトレーダーやスペシャリストをしていたときに習得している。そういう機会がない人のために、私たちは値動きや過去データで見られるエッジを定量化したい。これらのエッジが将来もまったく同じ形であり続ける保証はない。私たちが知っているのは、何十年にもわたって恐怖と強欲からエッジが生じてきたという事実だ。これを定量化すれば、規律正しいトレードができる。

自分がトレードをする市場を知り、同様に重要なことだが、だれが自分の反対側にいるのかを知ろう

1. 自分がトレードをする市場を知ろう。強気か弱気かを判断するには、200日移動平均線が良い出発点になる。ヘッジファンドの伝説的人物がこれを確認していて、裏付けとなる。また、自分の状況を日次で把握しておこう。これは、「その証券の今日までの動きはどうだったのか」と自問することを意味する。RSIはもちろん指針となる。

　たとえ、どういう種類のイベントがニュースになるかは特定できなくても、世界に影響を及ぼすイベントは世界的に恐怖を引き起こしやすいし、FRB（連邦準備制度理事会）がこれから発表する報告書よりも大きな恐怖を生み出しやすい。これもRSIで測定できる。そして、最も重要なイベントに焦点を合わせて調査をすれば、得るものは大きい。また、ニュースが長く続くほど、人々は不安になる。毎日、損が膨らんでいるときに、今後出そうな悪材料についての記事を読みたがる人はいない。彼らは損がこれ以上膨らむのを避けるために、しばしば売ってしまう。彼らが手仕舞ったとき、彼らが売った株を買った人々は有利な株価で手に入れていることが多い。

2．だれが自分の反対側にいるのか。私はこれについて第1章で説明した。読者は本書を通してこれについて見てきた。これはとても重要な点なので、ここで再び取り上げる。

　恐怖と、恐怖ほどではないが強欲は定量化できるエッジを生み出す。自分が買っているときには、その反対側にいる人々が恐れていてほしい。損失に対する恐れは恐怖のなかでも最も強いものだ。自問してみよう。この時点で反対のポジションを取っている人々は損をひどく恐れているので、もはや苦痛に耐えられそうにないだろうか、と。私はこのポジションを、恐怖心を抱いている人から買っているだろうか、と。彼らは高く買ったので損が膨らむのを恐れている一般トレーダーかもしれない。あるいは、今取っているポジションのせいで、自分のポートフォリオの価値が大幅に下げているため、クビになると恐れている機関投資家の運用担当者までいるかもしれない。いずれにせよ、彼らは恐怖心から売っている。その証券が大きく売られ過ぎになっているのならば、それは彼らの恐怖心が原因かもしれない。彼らの恐怖心が高まったときに買って、より安全そうになって価格が上げたら、再び彼

らに高値で売り渡せばよい。これは繰り返し行うことができる。VXXについて説明した章では、トレードの反対側にだれがいるのかを詳しく調べた。あなたはほかの多くの証券でも、これと同じことができる。

これらの戦略のどれも実行するのは簡単ではない

それがエッジが存在する理由だ。そして、どれも難しいが、さらに難しいものもいくつかある。ボラティリティパニック戦略とクラッシュ戦略はおそらく最も難しいだろう。大混乱に陥っているときに、だれがボラティリティを空売りしたいだろうか。また、株価が急上昇していて、強欲がインターネット中で山火事のように広がっているときに、だれがその株を空売りしたいだろうか。

さらに言えば、悪いニュースを前にして、だれが一貫して買うことができるだろうか。あるいは、大きなニュースになるイベントに先んじて、だれが買いたいと思うだろうか。ほかのほとんどの人がするように、イベントが終わるまで様子見をして待つほうが簡単だ。しかし、そうして待っていると、買い手がいなくなったときに流動性が一時的に枯渇する。これによって価格が下落するが、それは売りのためだけではない。「合理的なマネーマネジャー」が様子見をするからでもある。そして、彼らは「合理的に」行動していると思われているため、価格はしばしば下げ幅よりも大きく上げる。そのため、これによって歴史的に勝率の高いエッジと買いの機会が生じる。このサイクルは何度も繰り返される。

これらの非常に短期のトレードをする条件や機会が生じる前にはほとんど常にニュースが出る

実際、私はこれを長年目の当たりにしてきたので、何のニュースもなくこれらのシグナルが点灯すると、逆に非常に心配になる。これを定量化することはできなかったが、ニュースがないのに価格が極端に大きく動く場合、それは良い兆候ではないことが多いと分かっている。もっと大きなことが起きる可能性があるのだ。理想的には、価格に加えて、ニュース記事があったほうがよい。記事が大きいほど、恐怖心や強欲が高まり、エッジが大きくなる。

「他人が強欲になっているときに恐れて、他人が恐れているときに強欲になるように」というバフェットの哲学

この本を書き終えたあと、私はここで紹介した戦略の行動ファイナンスに関する要素が、ウォーレン・バフェットの投資法とバークシャーハサウェイの運営法にいかに似ているかを考え始めた。

バフェットは投資の天才だ。それは言うまでもない。

バフェットは金融工学の天才でもある。これを疑う人はいない。彼がレバレッジとキャッシュフローを適切に使って、何十年にもわたっていかに利益を最大化したかを論じた学術研究を私はいくつも読んだ。

しかし、私の考えでは、バフェットの最も優れている点は人間の行動を理解しているところだ。彼は人々がストレスを受けると、不合理になることを十分に理解している。

バフェットは私たちよりもはるかに長い時間枠で動いている。仕掛けるまで何年も待つことがある。彼がいつ仕掛けるかは価格で決まる。どのくらい安くその会社を買えるかで仕掛け時を決めるのだ。そして、

本書のいくつかの戦略と同じように、特に強い緊張感が市場に広がっているときに仕掛ける。

彼はこの緊張感から売り手が恐怖を感じると、有利な価格で買えることを知っている。2008〜2009年の暴落の大底近くでゴールドマンサックスにした投資は、彼の傑出したスキルを示す1つの例だ（そして、私はこのような例をいくらでも挙げることができる）。

彼は街で血が流れているときに買うという不思議な方法を知っている。そして、彼は自分の反対側にいる人々の恐怖や苦痛を感じ取って自分のリスクを最小にして、投資するという強みを持っている。彼は、彼らが苦痛を感じていればいるほど利益を搾り取る。私は彼が自分のことをこのように表現しないことを知っている（また、そう言われることも望まないだろう）。しかし、彼の投資対象やその時期や投資の構築法を見ると、彼ほど「恐怖の高まりで買い、強欲の高まりで売る」を体現している人はいない。

彼は多くの事業の日常業務も同じように行っている。何年か前に、彼はバークシャーの再保険事業について多くの時間を費やして話をした。その2年前には、激しい嵐のせいでこの事業に大きな影響が出ていた。もちろん、悪天候が発生すると、最近の出来事を不合理なほど重視する「新近効果」のせいで、将来の保険に対する需要が急増する。需要が増えると、保険料を引き上げることもできる。その翌年の天候は「魔法のように」通常に戻った。彼の再保険事業の利益は急上昇した。彼はそれをどのように説明しただろうか。彼は、「私たちは天候に恵まれた」と言ったのだ。

私たちは、彼らが天候に恵まれてはいなかったことを知っている。彼らは長期的な確率に賭けていた。さらに、彼らは過去数十年のデータに基づくモデルプランを保証する代わりに、割り増しの保険料を受け取っていた。彼らは今後の暴風雨の可能性について人々が持っている恐れをうまく（徹底してうまく、と言ってもかまわない）利用した。彼

のビジネスでは、恐怖が高まったときに適切な価格で買い、彼の言葉では「幸運だった」ときに利益を得た。

バフェットと同じことを達成できる人はだれもいない。しかし、私たちは特に人の本性の理解について、彼から学ぶことができる。バフェットはこの点に関して、何十年にもわたって幅広く実行してきた。彼は行動ファイナンスの要素と金融の手法を組み合わせて、驚異的な成功を収めた。

本書でも、同じ手法を使っている。あなたであれ、ほかのだれであれ、この手法に従えばバフェットほどの成功を達成できる、と私が思っているわけではけっしてない。しかし、人の行動パターンは変わらない。市場だけでなく、社会のあらゆる場面で同じ恐怖心の高まりが何世紀にもわたって生じてきた。それは現在も変わっていないし、今後も変わらないだろう。これらの恐怖心の高まりは何度も繰り返し生じる。あなたがこの道を歩みたければ、トレーダーとしてすべきことは、恐怖と強欲が最大になっているときに仕掛けるということだ。

本書の戦略から分かるように、これらの恐怖は市場で多くの日や週、月や年にさまざまな形で現れる。それは定量分析によって繰り返し見ることが出来る行動のプロセスだ。

始めたところで終える

本書の冒頭で私はあなたに提案をした。その提案はもう本当だと分かったので、詳細について説明しよう。

提案は次のようなものだった。

提案

今、私があなたに次の提案をすると仮定しよう。頭がおかしくなり

そうな感覚や、破滅が迫っているという恐怖を含めて、最初に挙げたのとまったく同じ兆候を示しているトレーダーや投資家を相手にトレードをする機会をあなたに提供しよう。そして、ボーナスとして……。

１．あなたは彼らを相手に一対一でトレードをすることができる

例えばVXXでは、VXXを買う５種類のうちのどれかに属する人があなたの反対側にいる可能性が高い。彼らに向き合っているのはあなただ。あなたは無価値になるように設計されている証券をそのままか、リスクを限定したオプションを使って空売りをしている。あなたは彼らがだれか知っている。彼らに向き合っているのはあなただ。運用残高が大きなETFでは、あなたの反対側にはしばしば、解約が出てポジションを手仕舞っているマネーマネジャーか、「アクティブ」に裁量で運用していて、運用実績が市場平均を下回るとパッシブ運用のインデックスファンドに乗り換えられる可能性があるマネジャーがいる。どちらの場合でも、彼らは恐怖に向き合っている。彼らが恐怖に襲われているときに買おうとあなたが決めているのならば、過去データによる検証結果によると、彼らの恐怖心はあなたにエッジをもたらす。優位に立っているのはあなたのほうだ。

２．あなたは彼らといつトレードをするかを決めることができる……

多くのトレーダーは毎日、あるいは日中ですらトレードをする必要があると思っている。彼らはしばしば勘だけに頼り、日足３本のブレイクアウトやフィボナッチの水準でトレードをしたり、ニュース記事やだれか知らない人が経済番組で推奨している話題株をトレードしたりと、さまざまなことをしている。こうした振る舞いはよく目にするものであり、多くのトレーダーがお金を儲けられない理由のひとつだ。

一方、あなたはトレードをする時期を決めることができる。そして、

最も有利な時期を見つけたら、衝動や裁量でトレードをするこれらの人々の反対側に立って仕掛けることがよくある。あなたはここでトレードを完全にコントロールしている。

3．自分にとって最も良いと考えるトレードができるようになる……

あなたは自分の好きな方法でトレードの反対側に立つことができる。例えば、S&P500の買いシグナルが点灯した場合にできることは、SPY（SPDR　S&P500ETF）の買い、S&P500の先物の買い、SPYのブル2倍型のSSO（プロシェアーズ・ウルトラS&P500ETF）の買い、SPYのコールの買い、SPYのデビットスプレッド、SPYのブル・プット・スプレッド、SPYを買ってアウト・オブ・ザ・マネーのプットでリスクを限定、リスクリバーサル戦略のクレジットスプレッドやデビットスプレッド、レシオスプレッドなどだ。そして、すべてのオプションでリスクを最小限に抑えながら、利益を最大化するために最適の満期日と権利行使価格を決めることができる。さらに、このトレードをするための方法は数多くある。彼らは自分の買いポジションが急落しているため、狼狽している。一方、あなたはこのトレードを最もうまく利用するための条件を完全にコントロールできる。

4．そして、あなたは今後ずっと、これを繰り返すことができるようになる。さらに、過去四半世紀の間にこれを行っていたら、シグナル数の70〜97％の範囲で勝っていたことをあなたは知っている

戦略の選び方とトレードプランの作り方がうまくいけば、歴史的に勝率の高いシグナルでその月のポジションを取るだろう。これは長年にわたって毎月起きる可能性が高く、人間の行動が変わらないかぎり（それは変わらない）、市場が恐怖に襲われたときに買い、強欲にとら

われているときに売る機会は一生なくならない。ここには無限の機会がある。

　行動ファイナンスと定量分析を組み合わせれば、トレードの指針となる計画が立てられる。市場が恐怖に襲われているときに買って、強欲にとらわれているときに売ろう。これができる根拠は何世紀も前からあった。自分のトレードでこれをいかにうまく実行できるかどうかはあなた次第だ。

　本書で新たな知識が得られたことを願っている。質問や意見があれば、QuestionsforLarry@cg3.com まで気軽にメールをしてほしい。

付録1　リスクに比べて大きな利益を得るための優れたトレードの構成（コナーズ・リサーチ・トレーダーズ・ジャーナル　第7巻）

コナーズ・リサーチ・トレーダーズ・ジャーナルの今号では、リスク金額を固定して、リスクに比べて大きな利益を狙えるトレード法の1つを学ぶ。

ある株（または市場全般）が大きく上げる、と確信しているとしよう。必要なことはすべてやり終えていて、うまくいけば、かなりの利益を得る確率が高いトレードをする用意ができた。

さて、次にどうするか。

ほとんどのトレーダー（特にプロではないトレーダー）は株を買う。そうだろう？　これはまったく理にかなっている。

だが、本当にそうだろうか。もっとうまい方法はないのだろうか。

リスクをほぼ完全にゼロにして、より少ない資金で、リスクに対してはるかに多くの利益を狙うことはできないのだろうか。

実は、そうできることが多い。歴史的に見て高い確率で相場が大きく動く場合のセットアップでトレードをしていれば、特にそう言える。カギは「プロのトレード構成法」だ。

これまでに述べたようなトレードの構成は一種の技術だ。そこではシグナルを見て、「このトレードで最大の利益を得るために、どうすればリスクを最小にできるだろうか」と考える。

ほとんどのトレーダーは「市場の方向性を利用した戦略を完璧にする」ことにほとんどの時間を費やす。そうした手法についてこれまで無数の本が書かれてきた（私も何冊か書いた）。そして、毎年、文字どおり何百万もの「トレードと投資のアイデア」がCNBCや何十ものウェブサイト、ブログ、投資サービス、ソーシャルメディアなどで大量

に出されている。テレビでは、この銘柄を買えばうまくいく、と勧めるだけだ（さらに悪いことに、いつ売るべきかについては、ほんの少ししか語らない）。

世界で大勢を占めているのは銘柄選択だが、そのほとんどの場合、これは統計の裏付けがないので、「銘柄推測」と言うべきものだ。それは株式市場というものが登場してから変わっていない。これ以上のことができるだろうか。答えは、できる。「トレード構成」の技術を使えば、だ。

トレードの構成とはまさに言葉どおりだ。それは利益を最大にしてリスクを最小にするようにトレードを構成することだ。実際、プロップファーム（自己資金のみを運用する投資専門会社）の多くはトレードを行うかどうかの分析よりも多くの時間を、とは言わないまでも、同じだけの時間を割いて、トレードの最適な構成法について議論している。そして、最大の利益を出すことが多いトレーダーたちが結果を出す理由の1つは、分析を正しく行い、さらに重要なことだがトレードを完璧に構成したからだ。

住宅バブルがはじけた2008年に空売りで途方もない財産を築いた例を見れば十分だ。多くのプロップファームは正確な分析をした。そして、それらの多くはそれなりに儲かった。しかし、まったく同じ分析をして、文字どおり何十億ドルも稼いだ会社も何社かあった！　正しく理解していた会社は分析については正しかった。しかし、何十億ドルも稼いだ会社はトレードの構成も正しかったので、それほどの利益を出せたのだ。彼らは限定されたリスクしかとらなかった。そして、彼らが正しかったときには人生が一変する利益を得た。

今日はリスクを固定して、リスクに比べて大きなリターンを狙えるトレードの構成法の例を1つ見ることにする。この例はトレード構成の多くの方法の1つにすぎない。目標は、あなたにこのことについて考えてもらうことだ。あなたが多くの人々と変わりなければ、方向性

を利用する戦略を探すためにほとんどの時間を費やしているからだ。今日の目標は、ここで得た知識を活用して、それらのエッジ（優位性）でトレードを構成して、自分が正しかったときの利益を増やす方法を学び始めることだ。

リスクリバーサル戦略のクレジットスプレッドとデビットスプレッドの紹介

次のシナリオを順に見ていこう。

1. あなたは何らかの理由で、50ドルの株が今から1～2週間で大幅に上げると予想している。それは売られ過ぎているからなのかもしれない。あるいは今、急騰していて、この動きが続くと信じているからなのかもしれない。あるいは、何らかの理由で株価が今よりもはるかに高くまで上げると確信しているのだ。

2. 大部分のトレーダーはその銘柄を買う。それだけだ。彼らは全額（100％）をリスクにさらす。つまり、株を買うには、100株買うごとに5000ドルが必要になる。株価が10％、さらには20％上げると予想しているのなら、基本的に1を稼ぐために10（20％の場合は、1を稼ぐために5）をリスクにさらしている。このシナリオでは、リスクは常にリターンよりもかなり大きい。これが世界のほとんどで行われているトレード法だ。

3. 一方、あなたはもっと賢く振る舞う。衝動的に株を買う代わりに、まず自分に問う。①「どうすればリスクにさらす金額を減らせるだろうか」、②「ここでリスクに対するリターンを大きくするにはどうすればよいだろうか」と。こう問うだけで、株を売買している何十万人ものトレーダーの99％よりも先を行っている。あなたはプロの仲間入りをしたのだ。

4. **注意** 株価は50ドルと仮定して、あなたはそれが55ドル、あるいは60ドルにまで動く可能性があると信じている。株を買う代わりにできることは多く、オプションでは特にたくさんある。しかし、今日のこのシナリオでは、これを構成する良い方法の1つは、リスクリバーサル戦略のクレジットスプレッドかデビットスプレッドと呼ばれる組み合わせを使うことだ。とるリスクを決めていれば、株価が予想どおりに動いた場合、リターンはリスクに比べて非常に大きくなる可能性がある。

5. この組み合わせには多くの方法があるが、話を単純にして進めよう。

6. **ステップ1** アット・ザ・マネーのプット売りのクレジットスプレッド取引を行う。これは50ドルのプットを売って、49ドルのプットを買うことを意味する。簡単だろう。あなたはプットの売りで40セント（1枚当たり40ドル）を得るとする。

7. **ステップ2** 手にしたお金でアウト・オブ・ザ・マネーのコールを買う。それは54ドルのコールで、来週が満期だとする。

8. あなたは何をしただろうか。50−49（1ポイント、または1枚当たり100ドルと手数料）のリスクと引き換えに、株価が1株当たり54ドルを超えた場合に無限大の利益を得ることができる。したがって、54ドルを1ポイント上回るごとに、100ドルの利益が得られる。株価が55ドルのときには、リスク1に対してリターンは1だ。56ドルまで上げれば、リターンは2倍になる。60ドルまで上げたら、6倍になる。幸運にも株価が64ドルを超えたら、リスクをとった金額の10倍以上の利益が得られる。代わりに株を買っていたとしたら、65ドルまで上げたときの利益はリスクにさらした金額の30％だった。リスクリバーサル戦略のスプレッド取引では、リスクに対するリターンの比率で見た利益は1000％を超えていた。これで、2008年に一握りのプロップファームが何十億ドルもの利益

を稼ぎ出した理由が分かる。彼らはここで説明したようなリスク・リワード・レシオが極めて大きなトレードを構成していたのだ。

9. では、どこに落とし穴があるのだろうか。落とし穴はある。それはこういうことだ。株価が予想していたほど上げなかったとしよう。例えば、1週間で53ドルまで上げたとする。株を買ったトレーダーは3ドル、つまりとったリスクの6％の利益を得た。一方、リスクリバーサル戦略のトレーダーは利益を得られなかった。どうしてか。株価は50〜54ドルの間で引けたので、クレジットスプレッドの価値はなくなり、54ドルで買ったコールも無価値になったからだ。このトレードで利益はほとんど得られないうえに、手数料を支払った。これが、株そのものを買う代わりにこの戦略を用いた場合のリスクだ。思惑方向にわずかにしか動かなければ、利益は何もない（クレジットスプレッドでの利益がコールの買いで支払ったコストよりも多くないかぎり）。私の考えでは、大きく上げると予想している場合、これはリスクを十分に抑えて、株価が予想どおりに大きく上げたときに大いに報われるために支払う小さな代償だ。リスク・リワード・レシオで見ると、これは買いトレードの良い構成法の1つだ。

私は最近、30年以上、オプション取引のマーケットメーカーをしている友人と昼食を取った。彼は、先ほど説明したトレード戦略は彼のお気に入りの1つだと言った。彼はこの戦略をプラスのロングテール戦略と呼んでいた。一定期間で見ると、多くのトレードが損益ゼロかわずかな利益かわずかな損失で終わる。しかし、あらゆるロングテール戦略と同様に、思惑どおりに大きく動いた少数のトレードでは途方もない利益を得る可能性がある。基本的に、適切な相場状況で方向性を利用した戦略を正しく実行していれば、この戦略でかなりの利益を得られる可能性がある。

ここでは、リスク・リワード・レシオの特徴に基づくトレードの構成について考える第一歩として1つの例を取り上げた。先に進むにつれて、インプライドボラティリティ、満期日までの時間、どの権利行使価格を選ぶか、オプションの流動性（売買スプレッド）、スキュー、利用できるオプションがあるかなど、ポジションの価格に影響する要素が数多くあることが分かるようになる。今日は、特にもうすぐ短期間で大きく動くと考えている場合に、もっとうまくトレードを構成するための入門として、この文章を書いた。

　これと同様のトレードは空売りでも、つまり、株か市場が大きく下げると考えているときでも構成できる。それはコールのスプレッド取引で得た利益を使って、プットを買うことで実行できる。ある株か市場全般が短期間に急落する場面で、これを行う先見の明があると想像してほしい。そして、2008年の急落前にこれを実行する先見の明があると想像してほしい。もう分かったと思うが、一部のトレーダーはあなたが今日学んだリスクリバーサル戦略によるクレジットスプレッドか、デビットスプレッド取引でポジションを構成するほどの知識があったのだ（2018年4月25日の https://tradingmarkets.com/ からの転載）。

ラリー・コナーズ（コナーズ・リサーチ社）

（著作権2018年、コナーズ・グループ）

付録2　損切りの逆指値を置くと、今でもパフォーマンスが落ちる（コナーズ・リサーチ・トレーダーズ・ジャーナル　第3巻）

　私の著書『**コナーズの短期売買入門——トレーディングの非常識なエッジと必勝テクニック**』（パンローリング）で「ストップは痛い」という章を書いて、ちょっとした議論を巻き起こした。その章では、押し・戻りで損切りの逆指値を使うとパフォーマンスが落ちることを統計的に示した（この検証結果を本に載せて以降、ほかの多くの検証でもこれは再現されている）。損切りの逆指値をポジションから50％離して置いた場合でさえ（これを損切りの逆指値と思う人はほとんどいないだろうが）、パフォーマンスが落ちる。

　この著書は私たちが書いた本のなかでベストセラーになった1冊で、かなり売れるとは思っていたが、予想を超える売れ行きだった。それでも、損切りの逆指値に関する章が議論の的になるとは思いもしなかった。

　最初に、はっきりさせておきたいのだが、これを執筆している時点（2018年）で、私は損切りの逆指値を使う戦略でトレードをしている。これらの戦略では通常、利益目標も含んでいる。つまり、利益目標に達するか、逆指値に引っかかるまでポジションを維持している。例えば、10％の利益目標と10％離した逆指値で、勝率が50％以上の戦略では利益が出る（手数料は含まない）。勝率が60％に達すれば、トレード戦略は堅牢だ。

　そのため、私は多くの人がこの本についての議論のなかで述べているような、「損切りの逆指値を使わない人間」ではない。しかし、トレーダーたちは非常に多くの戦略で、逆指値を置いていれば資金をしっかり守れると思い込んでいる、という印象を私は強く持っている（だ

けでなく、もっと重要なことだが、統計からそのように見ている）。だが、現実は違うのだ。

　損切りの逆指値とは何だろう。それは部分的な保険だ。一般トレーダーはそれで完全に資金を守れるとしばしば思い込んでいる。実際には、株式市場は開いている時間よりも閉じている時間のほうが長い。市場が閉じているときに何か大きな問題が発生した場合、逆指値は役に立たないことも多い。

　例えば、ある銘柄が下降トレンドでファンダメンタルズもさえないときに、30ドルで空売りをしているトレーダーがいるとしよう。彼らはやるべき下調べはすべて行った。ダメな会社、わずかな利益、資金不足、ひどいテクニカル指標などなど。彼らは本当に何か悪いことに気づいて、空売りをしているはずだ。彼らはこの銘柄を30ドルで空売りをして33ドルに「守りの逆指値」を置き、10％のリスクをとろうと決める。しかし、彼らは良くてもおそらく、1週間のうちで市場が開いている32時間半しか「守られて」いない（日中に極端なことが起きないと仮定して）。

　それでは、この会社が属する業界の最大手企業が海外にあり、グローバル展開をするためにアメリカ市場への参入を考えているとする。そして、テクニカル面もファンダメンタルズ面もさえないこの会社に近づく。経営陣の頭痛の種は棚ボタに変わる。彼らはある夏の週末に1株60ドルで買収したいという申し出を受ける（覚えている人もいると思うが、これと似た展開は2016年にもあった）。

　株価は月曜日に58ドルで寄り付き、やがて60ドル近くまで上げた。33ドルに置いた「守りの」逆指値はどうなっただろうか。トレーダーは一晩で100％近くの損を出した（そして、残念ながら買いでも空売りでも、損切りの逆指値だけで資金を守っている人々はこうしたことに常に見舞われている）。この場合、彼らは幸運だった。買収は1株90ドル以上になって、一晩で200％以上損をする可能性もあったからだ。

　次は最近、注目を浴びた買い手側での例だ。ボラティリティを空売りするETNであるXIVの価格を見よう。XIVが99ドルで引けた2018年2月2日に、何千人ものトレーダーがこれを買っていた。彼らの多くはその価格のすぐ下に「守りの逆指値」を置いた。問題は、XIVは翌日に8ドルで寄り付いたことだ。「守りの」逆指値を置いていたのに、生じるはずのない90％の損失が出たのだ。

　結論はこうだ。損切りの逆指値はひじをすりむいたときに肌を守るバンドエイドだ。大きな自動車事故に遭ったときには役に立たない。

　『コナーズの短期売買入門』では、損切りの逆指値を使えばパフォーマンスが落ちることをデータに基づく検証ではっきりと示した。たしかに、ほかのリスク管理のツールとともに用いるのであれば、自分のポートフォリオで使い道がある。だが、単独のリスク管理のツールとしては、大半の時期にせいぜいすり傷を保護するバンドエイドとして役に立つだけで、ポジションはもっと深刻なリスクにさらされたままだ（2018年4月25日の https://tradingmarkets.com/ からの転載）。

ラリー・コナーズ（コナーズ・リサーチ社）

（著作権2018年、コナーズ・グループ）

付録3　本書のトレード戦略のためのアミブローカー用アドオンのソースコード

　アミブローカーのユーザー向けに、私たちは本書のなかで次の戦略について、アドオンのソースコードを作りました。

- RSIパワーゾーン
- クラッシュ戦略
- ボラティリティパニック戦略
- VXXトレンド戦略
- 新高値を利用したトレード
- TPS——恐怖と強欲の高まり
- 恐怖から生じるギャップ

　このソースコードを用いれば、「Analysis」ウィンドウの「Explore」ボタンで、毎晩、翌日の取引シグナルについて株式を検索することができます。戦略が適切だと思えば、シグナルで仕掛け、手仕舞い、仕掛け値の情報を得ることができます。これらの情報はあとで確認するためにエクスポートすることができます。

　「Explore」の実行には、アミブローカーのバージョン6.2以降と、日々のデータを提供するデータソースが必要です。私たちのリサーチチームはノルゲート・データ社の分割と配当の調整済みデータを使っていますが、自分で信頼できると思うどのデータソースを使ってもかまいません。

　価格は1戦略につき100ドル、あるいは7戦略すべてで250ドルです。

　注文をするには、（http://bit.ly/amibrokeraddon）にアクセスするか、1-888-484-8220（内線1）に電話をしてください。国際電話の

場合は、＋1－973－494－7311（内線1）。

　　注意　このソースコードでは、あなたのコンピューターで本書のトレード戦略のバックテストをすることはできません。

付録4　ローレンス・A・コナーズによるその他の著書

リンダ・ブラッドフォード・ラシュキ、ローレンス・A・コナーズ著『**魔術師リンダ・ラリーの短期売買入門**』（パンローリング）

ローレンス・A・コナーズ、シーザー・アルバレス著『**コナーズの短期売買入門──トレーディングの非常識なエッジと必勝テクニック**』（パンローリング）

ローレンス・A・コナーズ、シーザー・アルバレス著『**コナーズの短期売買戦略──検証して初めてわかるマーケットの本当の姿**』（パンローリング）

ローレンス・A・コナーズ、シーザー・アルバレス著『**コナーズRSI入門──個別株とETFで短期売買を極める**』（パンローリング）

ローレンス・A・コナーズ著『**コナーズの短期売買実践──システムトレードの心得と戦略**』（パンローリング）

ローレンス・A・コナーズ著『**高勝率システムの考え方と作り方と検証──リスクが少なく無理しない短期売買**』（パンローリング）

　ローレンス・コナーズによる無料の週刊トレードリサーチを電子メールで毎週受け取れます。購読を望む読者は、http://tradingmarkets.com/newsletter をクリックしてください。

付録5　個人指導のお知らせ

　1対1でローレンス・コナーズから直接学びたければ、人数に限りがありますが、個人指導を受けることができます。

　彼は15年間にわたって、フロアトレーダーやヘッジファンドのマネジャーなどのプロのトレーダーや、プロのトレーダーを目指す人々を指導してきました。

　彼のプライベート・メンタリング・プランは、自分のトレードが現在どの水準にあり、最終的にどの水準に達したいかを中心に構成された、10回の総合プログラムです。

　電話かオンラインで行われる各セッションは、前回のセッションに基づいて行われます。また、自分のトレードに関連した事業を立ち上げる方法も学べます。10回のセッションを進める際に、戦略とリサーチも提供されます。

　注意　コナーズのスケジュールの都合上、人数には限りがあります。

　コナーズによる1対1の指導について詳しく知りたければ、1－888－484－8220（内線1）に電話をするか、Mentoring@cg3.com までメールをしてください。

付録6　資産運用会社およびファミリーオフィス向け プライベートコンサルティングのお知らせ

　私たちは資産運用会社やファミリーオフィスの経営者向けに、それぞれの会社に合わせた自己勘定のトレード・投資戦略とリサーチを提供しています。

　コンサルティングにはお客様のニーズに合わせてカスタマイズされた、株式・ETF（上場投資信託）・ボラティリティの自己勘定取引戦略とリサーチが含まれています。費用は年間10万ドルからで、コンサルティングは四半期ごとに行われます。

　詳しくは、1－888－484－8220（内線1）に電話をするか、Consulting@connorsresearch.com にメールを送ってください。

付録7　アミブローカーのプログラミング入門

　自分に最適なトレードアイデアをバックテストする方法を1日で学ぼう。保証付き！

　あなたはどうやって、自分に最適なトレードのアイデアをバックテストできるようになりたいですか。そして、この業界で最高のアイデアでこれを行う方法をどうやって学びたいですか。

あなたが学べること

　このコースはアミブローカーでバックテストする方法についての知識がまったくないか、最低限の知識しかないことを前提に始められます。6時間の学習後にできることは次のとおりです。

1．戦略のプログラムを書く方法が分かる。
2．その戦略をバックテストして検証する方法が分かる。
3．その戦略を改善する方法を学べる。
4．その戦略で毎日、シグナルを受け取ることができるようになる。

　これは、あなたのトレードで一生使える知識です。

　このクラスでは、一から学び始めて、数時間で私たちの戦略ガイドブックの1冊を使って、アミブローカーでプログラムを書くスキルを身に付けられます。さらに、自分で作ったソースコードで翌取引日のシグナルを生成できます！

コースの目的

このコースはアミブローカーでバックテストを行う方法やシグナル
を生成する方法を学びたいが、アミブローカーの言語をほとんど、あ
るいはまったく知らないトレーダーを対象としています。

このコースを修了すると、次のことができるようになります。

1. 独自の指標を作成して、アミブローカーのチャートに追加する。
2. 基本的なトレード戦略をバックテストして、どの戦略にエッジ（優
   位性）があり、どの戦略にないのかを確かめて、エッジがある戦
   略を選んでそれらを改良する。
3. バックテストの結果が正しいかどうかを検証する。
4. 翌取引日のトレードシグナルを生成する。

含まれること

● 6時間のオンラインでの指導。コースはライブで記録されるので、自
  分のコンピューターにダウンロードして、都合の良いときに見るこ
  とができます。
● アミブローカーを実際に使ういくつかの分科会。
● 自分のニーズに合わせて簡単に修正できるAFLコードのテンプレー
  ト。
● 戦略ガイドブック「ETFと株式のためのコナーズRSIの厳選された
  戦略」を無償で提供。私たちはこれをバックテストの基礎として使
  います。クラスを修了すれば、アミブローカーでこの戦略のプログ
  ラムを作って、翌日のためのシグナルを生成することができるよう
  になります。

講師

本書のリサーチ主任の1人であるマット・ラドケが教えます。彼は以前、プロのプログラマーチームを管理していて、プログラミングを簡単に習得させる才能があります。彼はアミブローカーで適切にバックテストをする方法を、順を追って説明するので、自分にとって最も良いトレード戦略をすぐに検証できるようになります。

トレードのアイデアがあり、それを自分でバックテストできるところを想像してみましょう。このコースで学べば、まさにそれができるようになります。

コースの予定時間は6時間

このコースを修了すれば、自分の戦略を検証・改良して、戦略のセットアップをスキャンできるようになります。

アミブローカーでプログラムを書く方法を学べば何百時間も節約できて、トレードでもっと利益を出せるようになるでしょう。素晴らしいトレードのアイデアが浮かんだら、すぐにそれらの検証を自分で行えるのです！

すぐに注文しましょう

「アミブローカーでのプログラミング——1日で自分にとって最も良いトレードアイデアをバックテストする方法を学ぶ」の受講料は1000ドルです。あなたは1日の指導、私たちの戦略ガイドブックのうちの1冊、自分の戦略をバックテストする方法に関する知識を得ることができます。そして、シグナルが点灯しているトレードをスキャンして見つけられるようになります。いますぐこのコースを申し込むには、こ

のリンク（http://bit.ly/AmiBrokerCourse）を使ってください。

付録8　相関リスク

前に述べたように、相関リスクについて書けば1冊の本になるので、ここでそのすべてを説明することはできない。しかし、大きくまとめると、私が指摘しておきたい相関リスクは5つある。

1. 市場で恐怖が極端に高まると、本書で取り上げた戦略の多くは相関するようになる。本書では、恐怖をいくつかの異なる方法で特定している。恐怖があらゆるところに広がる極端なときには、買い戦略の多くでシグナルが同時に点灯する。自分で取るつもりのリスクに基づいて、これにどう対処するのが最善かを前もって考えておこう。
2. 世界的な相関　恐怖は世界中に伝染する。パニックは世界のどの地域でも起きるし、世界中に広がることがある。例えば、強気相場のときに買いのTPS戦略でこれが見られるだろう。恐怖が広がると、カントリーファンドの多くで数日以内に次々と買いシグナルが点灯する可能性がある。
3. アメリカ市場の相関　SPYでRSIパワーゾーン戦略のシグナルが点灯すると、ほかの多くの戦略のシグナルも同時に点灯することがある。この時期にあまりにも多くの戦略を同時に実行すると、市場の恐怖がいっそう増してS&P500がさらに下げた場合、その構成銘柄の多くが同時に下げるため、リスクが大きくなる可能性がある。
4. セクターやETFでの相関　例えば、原油価格が急落してパニックが起きると、石油と石油関連のETFでも、それらのセクターの株でもシグナルが点灯する可能性がある。これは、自分のポートフォリオでは常にあるセクターのX％しか保有しないと前もって決

めておくことで、影響をある程度抑えることができる。

   a．オープンエンド型ファンドの競争のおかげで、ここ数年、かつて人気があった多くのETFを模倣したETFが出回っている（同じ組み入れ銘柄で異なる手数料か、同じコンセプトで組み入れ銘柄がわずかに異なるもの）。そこで、同じセクターで複数のシグナルが点灯したときは、流動性が最も高いETFを選ぼう。EWG（ドイツ）とHEWG（ドイツ、為替ヘッジあり）の銘柄コードは異なっていて、厳密に言えば組み入れ銘柄は異なる。しかし、実際には、短期（3〜7日間）ではこの2つは同じように動く。これらを両方ともトレードすれば、ドイツETFのポジションサイズを2倍にしていることになる。1つのシグナルだけに従えば、余分なリスクを避けられる。

5．相関関係はダイナミックだ。私は長年、これを見てきたし、あなたも見てきたかもしれない。これは相関関係、特に短期の相関関係が絶えず変化するという意味だ。さらに重要なことだが、それらはほとんどのトレーダーの測定よりも速く変化する傾向がある。トレーダーにとっては、1年前の相関関係は過去1カ月の相関関係よりも関連性が低い。これは詳しく書ける主題であり、だれかが将来この主題について本を書くことを願っている。そうすれば、トレーダーにとって大いに役立つだろう。現在のところ、相関関係は絶えず変化するものであり、トレードでは短期の相関関係に焦点を合わせるほうが良いということを覚えておこう。

付録9　トレードに関する教材

あなたが学ぶために利用できる優れた教材はたくさんある。

以下は、本を買いている著者たちに加えて、本書の知識を補完するのに役立つと思われる少数のサイトや個人のリストだ。

著者名（またはサイト）がここに載っていない場合でも、私が彼らの著書を好んでいないという意味ではない。それは私が彼らの本を読んでいないか、本書の主題にぴったり合わないせいかもしれない。

オプション

Michael Benklifa『Think Like an Option Trader : How to Profit by Moving from Stocks to Options』。このリンク先「https://amzn.to/2sMqmLk」から注文できる。気づかれていない名著だ。この本をむさぼり読もう。

Larry McMillan『Options as a Strategic Investment : Fifth Edition』。https://amzn.to/2Mgp0AB。彼のオプションに関する著書はこれまでに最も読まれたオプションの本だと思っている。読む価値は十分にある（なお、**「マクミランのオプション戦略の落とし穴」「マクミランのオプション売買入門——儲かる指標とチャートパターン編」「マクミランのボラティリティー完全攻略」**の３本のDVDがパンローリングから発売されている）。

Jon and Pete Najarian　私はジョン・ナジャリアンを20年前から知っていた。あなたも取引時間中にCNBCで、また大引け後に放送される番組「ファスト・マネー」でナジャリアン兄弟を見たことがあるに違

いない。彼らはやるべきことをやっていて、私は彼らの提供する材料やトレードアイデアから学んでいる。「だれがこのトレードの反対側にいるのか」と自問しているとき、彼らでないことがおそらく最も望ましい（https://amzn.to/2HIyf8W）。

Martin O'Connell『The Business of Options : Time-Tested Principles and Practices』（https://amzn.to/2sYcaxT）。世界的に優れたオプションのプロコーチの1人で、この本は中級レベルとプロのトレーダー向きだ。読むことを強く勧める。

Anthony（Tony）Saliba　私は彼のオプションに関する著書のすべてを強く勧める。それらは必ず知っておくべき初心者向けの知識から始めて、先に進むことができる（https://amzn.to/2MiBnfe）。彼はジャック・シュワッガーの最初の著書『**マーケットの魔術師**』（パンローリング）で取り上げられた唯一のオプショントレーダーだった。彼が設立した会社の1つは世界中のプロのトレーダー向けの一級の教育会社だった。あなたはプロのオプショントレーダーの多くが彼と彼のチームから長年にわたって学んできたことを学べる。

ボラティリティのトレード

私は第6章でボラティリティのトレードに関するいくつかのサイトについて触れた。次は私が勧める本と著者だ。

シェルダン・ネイテンバーグ著『**オプションボラティリティ売買入門──プロトレーダーの実践的教科書**』（パンローリング）。この本はオプションでボラティリティをトレードするための権威ある本の1冊だ。

Russell Rhoads　私のお気に入りの著者の1人だ。私は彼について第6章で触れた。私は彼の本をすべて勧める（https://amzn.to/2JMyHrK）。

Euan Sinclair『Volatility Trading』（https://amzn.to/2Js4SO1）。優れた本で、知識が詰まっている。

トレード全般

ジョン・ボリンジャー著『**ボリンジャーバンド入門——相対性原理が解き明かすマーケットの仕組み**』（パンローリング）。彼の「ボリンジャーバンド」は今日、すべてのチャート作成ツールに必ず入っていて、時の試練に耐えてきたのにはそれだけの理由がある。インターネットには、ボリンジャーバンドを用いる多くの方法を載せているサイトがいくつかある。彼はこの主題について世界中のだれよりも知っているので、まずこの著書から読み始めることを勧める。

ロバート・カーバー著『**システマティックトレード——独自のシステムを開発するための完全ガイド**』（パンローリング）。彼はAHLパートナーズのファンダメンタル・グローバル・マクロ戦略の立案を担当して、そのファンドの数十億ドル規模の債券ポートフォリオを運用した。彼の著書はトレードシステムの開発と実行に関する権威ある情報源の1つだ。

Ernie Chan Ph.D.。私はアーニー・チャン博士の2冊の著書から大いに学んだ。『Quantitative Trading : How to Build Your Own Algorithmic Trading Business』（https://amzn.to/2Jui5pH）、および『Algorithmic Trading　Winning Strategies and Their Rationale』（https://amzn.to/2t0A8IG）だ。非常にお勧めだ。

マイケル・コベル。第6章の「VXXのトレンド戦略で述べたように、彼のトレンドフォローに関する情報は入手できるもので最も良い。まずは、彼の『トレンドフォロー大全——上げ相場でも下げ相場でもブラックスワン相場でも利益を出す方法』（パンローリング）から始めて、先に進むことを勧める。

トーマス・デマーク著『デマークのチャート分析テクニック——マーケットの転換点を的確につかむ方法』（パンローリング）。彼はいくつかの世界最大級のヘッジファンドで顧問を務めてきた。彼はこの著書で、自分のアイデアを発表し始めた。そして、長年にわたって多くのトレード戦略がこの本の考え方を元に考案されてきた。

Kevin Haggerty。ハガティはフィデリティ・キャピタル・マーケッツのトレード主任で、1990年代に最も強力なトレード部門の1つを管理していたと言われている。引退すると、彼は自分の知識をウェブサイトの https://tradingmarkets.com/ で公開し、全世代のトレーダーに影響を与えている。彼とトレードをして1日を過ごすのは、巨匠と1日を過ごすようなものだ。彼のコースのいくつかはときどきインターネット上で転売されている。偉大な人であり、相場の天才だ。

Chiente Hsu『Rule Based Investing : Designing Effective Quantitative Strategies for Foreign Exchange, Interest Rates, Emerging Markets, Equity Indices, and Volatility』（https://amzn.to/2JAxsss）。この本は私の勧める本で史上トップ5に入る。ボラティリティを電源スイッチとして使うという章はこの本に払う代金の100倍の価値がある。

マーク・ミネルヴィニ著『ミネルヴィニの成長株投資法——高い先導

株を買い、より高値で売り抜けろ』（パンローリング）。彼はモメンタムトレードを指導する中心人物の１人だ。彼の本はよく練られていて、モメンタム銘柄のトレード法とトレードをする理由を専門的に詳しく説明している。

ジョージ・プルート著『アルゴリズムトレードの道具箱——VBA、Python、トレードステーション、アミブローカーを使いこなすために』（パンローリング）。彼は本書で、成功するためのトレードシステムの構築に必要なツールを実にうまく紹介している。

リンダ・ラシュキ、私との共著で『魔術師リンダ・ラリーの短期売買入門——ウィザードが語る必勝テクニック基礎から応用まで』（パンローリング）。彼女が書いた本はどれも名著だ。私は25年前から机の横に彼女の著作の１つを置いている。その本がいまだに今日のマーケットに関係するからだ。卓越したトレーダーだ。

Igor Tulchinsky『Finding Alphas : A Quantitative Approach to Building Trading Strategies』（https://amzn.to/2MfsOSp）。彼は600人の従業員で数十億ドルを運用するクアンタムヘッジファンド、ワールドクオントのCEO（最高経営責任者）だ。彼の伝記だけのためでも、この本を買いたくなるはずだ。

ラリー・ウィリアムズ（https://amzn.to/2JGGh3U）。彼は短期トレード界の真の先駆者の１人だ。成功した平均回帰戦略の多くは、長年にわたる彼の研究を元にしている（日本では、パンローリングから『ラリー・ウィリアムズの短期売買法【改訂第２版】』『ラリー・ウィリアムズの株式必勝法』『ラリー・ウィリアムズの「インサイダー情報」で儲ける方法』、日本経済新聞社から『ラリー・ウィリアムズの相場で儲

ける法』、パンローリングから「週刊マーケット分析」が発行されている）。

リスク管理と資金管理

ケニス・グラント著『投資家のためのリスクマネジメント——収益率を上げるリスクトレーディングの真髄』（パンローリング）。私はこの本が大好きだ。彼は世界最大級のヘッジファンドの３つでリスク管理の責任者だった。この本から得られる知識は時代を超える。

ウィリアム・パウンドストーン著『天才数学者はこう賭ける——誰も語らなかった株とギャンブルの話』（青土社）。エドワード・ソープやほかの多くの人々についてと、彼らがどうやってケリー基準を当てはめて市場に打ち勝ったかを書いた素晴らしい本だ。

Nassim Taleb（https://amzn.to/2MnVR6k）。ナシーム・タレブは私が2001年に500人のトレーダーを対象に開催したカンファレンスでゲストスピーカーをしてもらった人だ。これは彼が名声を得る前のことで、聴衆のだれもが彼の優秀さを認めた。彼に賛成するにせよ反対するにせよ、彼の著書、特にリスクに関するものを読めば、もっと賢明なトレードができるようになるだろう（ダイヤモンド社から『反脆弱性』『ブラック・スワン』『まぐれ』『強さと脆さ』『ブラック・スワンの箴言』などが出版されている）。

歴史・伝記

マニート・アフジャ著『40兆円の男たち——神になった天才マネジャーたちの素顔と投資法』（パンローリング）。この本を読めば、多くの

優れたトレードアイデアが得られる。

Aaron Brown『Red-Blooded Risk : The Secret History of Wall Street』（https://amzn.to/2y2INQL）と、Quora.com（https://www.quora.com/）でのトレードと投資についての質問に対する彼の回答。アーロン・ブランドは投資業界の優れた頭脳の1人だ。また、Quora.comのユーザーであれば、彼の書き込みを検索してみよう。彼は世界中のトレーダーの何百もの質問に答えて、世界に通用する回答をしている。

ジャック・シュワッガー著『**マーケットの魔術師**』『**新マーケットの魔術師**』『**マーケットの魔術師【株式編】増補版**』『**続マーケットの魔術師**』（パンローリング）の4冊。彼の著書はこれまでに書かれたどのトレード関係の本よりも、この業界と2世代にわたるトレーダーたちに良い影響を与えてきた。

Ed Thorp『A Man for All Markets : From Las Vegas to Wall Street, How I Beat the Dealer and the Market』（https://amzn.to/2sOmRnA）。この本は戦略に関しては何も書かれていない。ストーリーが非常に面白い。

ポッドキャスト

The Options Insider Radio Network（http://www.theoptionsinsider.com/options-insider-radio-network/）。彼らは継続中の教育のほかに、状況にふさわしいトレード情報をたくさん配信している。Option Alpha Podcast（https://optionalpha.com/podcast）。

負荷の高い自己改造

これに関しては多くの著者がいる。ここでは私が最も気に入っている3人を取り上げる。

Ben Bergeron『Chasing Excellence : A Story About Building the World's Fittest Athletes』（https://amzn.to/2sPOTPn）。クロスフィット・ゲームズは地球上で最も体を鍛えている男性と女性を決める試験のひとつだ。バージェロンはこれまでのクロスフィット・ゲームズの大会で、どのコーチよりも多くの勝者を鍛えてきた。この本はクロスフィットについて扱っているが、それだけではない。人生の何事においても、最も良くあるために必要とされる強い心について語っている。私は何人かの非常に成功した友人にこの本を勧めた。彼らのだれもがこの本を読んだあと、同じ反応をして、「この本を読むまで、私は懸命に努力して集中していると思っていた」というようなことを言った。この本はこれまでにあなたが読んできたどの本をもはるかに超えるもので、アマゾンのベストセラーであり続けるだけの理由がある。この本からは学ぶことが多いので、おそらく何度か読み直すことになるだろう。

Richard Machowicz『Unleash the Warrior Within : Develop the Focus, Discipline, Confidence, and Courage You Need to Achieve Unlimited Goals』（https://amzn.to/2l472VC）。海軍特殊部隊の隊員だったリチャード・マーコビッツは私の友人だった。彼はこの本や彼との友情、それに彼のテレビ番組とラジオ番組を通して、多くの人々の人生に強い影響を与えた。残念ながら、彼は2017年に脳腫瘍で亡くなった。彼は世界にこの本——多くの人々の人生を変えた本——を残した。私の最も推奨する本だ。

Jocko Willink『Extreme Ownership : How U.S. Navy SEALs Lead and Win（New Edition）』（https://amzn.to/2l4iXTi）。海軍特殊部隊の中佐だったジョッコ・ウィリンクはこの本を書いて、アマゾンのベストセラーで1位になった。彼の哲学は非常に厳しいもので、この本で詳しく述べられている。彼の考え方に従うと、より良いトレーダーになれる。もっと重要なことは、より良い人間になれる。また、「ジョッコ・ポッドキャスト」を聞くことを勧める。

その他の本

ロバート・B・チャルディーニ著『影響力の武器』（誠信書房）。

Marcos Lopez de Prado『Advances in Financial Machine Teaming』（https://amzn.to/2HLtpYz）。

J・ウエルズ・ワイルダー・ジュニア著『**ワイルダーのテクニカル分析入門——オシレーターの売買シグナルによるトレード実践法**』（パンローリング）

アミブローカーのコーディング

私が最も信頼している2人のプログラマーは次のとおりだ。

Cesar Alvarez（http://alvarezquanttrading.com/services/）。アルバレスは2003年から私の戦略のプログラミングと検証を行っていて、世界で最も優れたアミブローカーのプログラマーかもしれない。1990年代にはエクセルを開発したソフトウェア開発チームのシニアチームにいた。Cesar@AlvarezQuantTrading.com で、アルバレスにメールを

送ることができる。

Matt Radtke（https://quantforhire.com/）。ラディケは2012年以降、私のためにプログラムを作っている。また、私たちの非常に人気があるアミブローカーのプログラミングコース、Introduction to AmiBroker Programming（https://bit.ly/AmiBroker）のインストラクターもしている。mradtkeboulder@gmail.com にメールを送れば、彼と連絡を取ることができる。

トレードステーションのコーディング

Stuart Okorofsky（http://www.okor.com/）。彼は1995年以降、私のトレードステーションのコーディングを行ってきた。多くの専門家が彼を世界でも最高の1人と考えている。現在は、より大きなプロジェクトしか引き受けていないが、あなたが本格的なプロジェクトを抱えているのなら、最初に尋ねるべき人は彼だ。彼とは、krofs@aol.comで連絡を取ることができる。

データ、チャート作成、クオンツに関するサイト

Finviz（https://www.finviz.com/）。データが好きならば、このサイトを気に入るだろう。生データを集めた最も良いサイトの1つだ。

Quantopian and Quantcon（https://www.quantopian.com/）。Quantopianはクオンツトレーダー、投資家、研究者の大規模コミュニティだ（会員は何十万人もいる）。検証を行うためのプラットフォームや、多くの資料を提供している。また、ニューヨークや世界中の都市で年次会議（Quantcon）が開催されていて、この業界で最も優れた講

演者や教師が集まる。あなたがクオンツトレードに本気で取り組みたければ、Quantopian は非常にお勧めだ。

Stockcharts（https://www.stockcharts.com/）。このサイトには頼りになるチャート作成ツールがたくさんある。また、それらは絶えず新機能を追加し、改良もしている。

付録10　RSIの計算式とコナーズRSIの計算法

　1990年代半ばから、ラリー・コナーズとコナーズ・リサーチ社は定量的なトレード戦略の開発、検証、出版をしてきた。この間に、私たちはさまざまなテクニカル指標を数多く検討して、将来の値動きをどれほど効果的に予測できるかを評価した。私たちはさらに一歩を進めて、コナーズRSIという指標を自ら考案した。このガイドブックの目的はコナーズRSIの説明をしたうえで、この新しい指標を利用した明確で定量的なトレード戦略を示すことだ。

　コナーズRSIは3つの要素を合成した指標である。3つの要素のうちの2つは1970年代にウエルズ・ワイルダーが考案したRSI（相対力指数）の計算法を利用している。そして、3つ目の要素は直近の値動きを0～100の尺度でランク付けする。これら3つの要素を合わせると、モメンタムオシレーターになる。つまり0～100の間を変動する指標で、ある証券が買われ過ぎの水準（高い値）にあるか、売られ過ぎの水準（低い値）にあるかを示す。

　コナーズRSIの計算法について述べる前に、ワイルダーのRSIについて説明しておこう。RSIは非常に有用で人気があるモメンタムオシレーターで、計測期間の上昇幅と下落幅を比較する。ワイルダー自身は14期間が理想的な計測期間だと信じていた。私たちは14期間RSIを簡単に表すために、しばしばRSI（14）と記す。次の公式では、一連の値動きについてRSI（14）を計算している。

　RSIを計算する期間をNに変えたければ、公式の14をNにして、13をN－1にする。計算にどういう期間を使おうと、結果は常に0から100の値を取る。RSI（14）を使うトレーダーは通常、値が70以上だと買われ過ぎとみなし、30以下だと売られ過ぎとみなす。

例A.1　RSIの計算法

$$RSI = \{(100 - [100 \div (1 + RS)]\}$$

RS＝平均上昇幅÷平均下落幅

平均上昇幅＝［（直近の平均上昇幅）×13＋今日の上昇幅］÷14

最初の平均上昇幅＝過去14期間の上昇した日の上昇幅の合計÷14

平均下落幅＝［（直近の平均下落幅）×13＋今日の下落幅］÷14

最初の平均下落幅＝過去14期間で下落した日の下落幅の合計÷14

注　「下落」も絶対値で表す
RS＝X日間で上昇した日の値幅の平均÷X日間で下落した日の値幅の平均

　これまでの私たちのリサーチによると、RSIは計測期間を短くするほど、短期の値動きを効果的に予測できる。私たちはRSI（2）を利用する多くの戦略や、RSI（3）とRSI（4）を使ういくつかの戦略を発表してきた。期間を変えると、買われ過ぎや売られ過ぎの状況を最も良く示すRSIの水準も変わる。例えば、RSI（2）では通常、10以下が売られ過ぎの指標として信頼できるし、90以上であれば買われ過ぎの良いベンチマークになる。

　それでは、コナーズRSIに戻ろう。すでに述べたように、コナーズRSIは3つの要素を合わせた指標であり、想像できるように、それらはすべて私たちのリサーチでかなりの予測力があることが繰り返し示されている。

価格のモメンタム

　すでに述べたように、RSIは価格のモメンタム、すなわち、買われ過ぎと売られ過ぎの水準を測る優れた指標である。コナーズRSIの初期設定では、証券の日次ベースでの終値を使って3期間RSIを計算す

る。私たちはこの値をRSI（終値、3）と記す。

上昇・下落トレンドの期間

　ある銘柄の今日の終値が昨日の終値よりも安いとき、「下げて引けた」と言う。さらに、昨日の終値が2日前の終値よりも安かったら、終値は2日「連続で」下げている。私たちのリサーチによると、連続して下げる期間が長いほど、株価が平均に戻るときに大きく上げやすい。同様に、連続して上げる期間が長いほど、株価が平均回帰するときに大きく下げる。連続期間は事実上、買われ過ぎ・売られ過ぎの指標の1つと言える。

　問題は、理屈では上昇や下落は何日でも続く可能性があるということだ。もっとも、過去の経験に基づいて現実的な上限や下限を決めることはできるだろう。例えば、20日以上続けて上昇や下落したことはほとんどなかった、ということに気づくかもしれない。しかし、それでも、典型的なオシレーターのように、0～100の間を変動する値にはできない。

　これに対する解決法は2段階に分かれる。まず、連続した日数を数えるときに、上昇が続いたときにはプラスの値、下落が続いたときにはマイナスの値を使う。簡単な**例A.2**で説明しよう。

　2日目の終値は1日目の終値よりも高いので、連続して上げている。3日目も再び上げて引けたので、2日連続で上げて、連続期間の値は2になる。4日目の終値は下げたので、連続して下げた日は1日である。上昇ではなくて下落なので、連続期間の値はマイナス（-1）になる。5日目、6日目も下落が続いたので、連続期間の値は-2と-3になる。7日目の終値は変化がないので、連続期間の値は0になり、終値が上げも下げもしなかったことを示す。最後の8日目には終値が再び上げて、連続期間の値は1に戻る。

例A.2　連続期間の計算例

日	終値	連続期間
1	$20.00	
2	$20.50	1
3	$20.75	2
4	$19.75	-1
5	$19.50	-2
6	$19.35	-3
7	$19.35	0
8	$19.40	1

　解決法の次の段階では、RSIの計算法を連続期間の値に当てはめる。初期設定では、コナーズRSIはこの部分の計算に2期間RSIを使い、RSI（連続、2）と表示する。すると、連続して上昇するほど、RSI（連続、2）の値は100に近づく。逆に、連続して下落するほど、RSI（連続、2）の値は0に近づく。これで、同じ0～100の尺度を使うRSI（終値、3）とRSI（連続、2）という2つの要素が得られた。これらから、評価したい証券が買われ過ぎか売られ過ぎかの見通しが得られる。

価格変化の相対的な順位

　コナーズRSIの3つ目の要素では、前日の価格変化と比べた今日の価格変化の順位を見る。そのために、パーセントランクの計算を用いる。これは「百分率」と呼ばれることもある。基本的に、パーセントランクの値は、計測期間に現在の値がそれよりも小さい値から何パーセントの位置にあるかを示す。

　この計算では、金額ではなく前日の終値からの変化率を測る。この上昇率か下落率は通常、前日比騰落率と呼ばれている。例えば、昨日の終値が80.00ドルで今日の終値が81.60ドルだったら、前日比騰落率は、

（81.60ドル－80.00ドル）÷80.00ドル＝0.02＝2.0％になる。

　パーセントランクを計算するためには、計測期間を決める必要がある。そして、計測期間で現在の値よりも小さい値の数を、値の全数で割ると、パーセントランクの値が求められる。例えば、計測期間が20日ならば、今日の2.0％の上昇率を、直近20日のそれぞれの前日比騰落率と比較する。それらの値のうちで、３つが2.0％に満たないとする。その場合、2.0％は４番目の値ということになり、パーセントランクの計算は次のようになる。

　パーセントランク＝４÷20＝0.20＝20％

　コナーズRSIで使う初期設定のパーセントランクの計測期間は100で、パーセントランク（100）と記す。私たちは今日のリターンを直近100のリターン、あるいは約５カ月の過去の値動きと比較している。繰り返すが、上昇率が大きいほど、パーセントランクの値は100に近くなる。そして、下落率が大きいほど、パーセントランクの値は０に近くなる。

　コナーズRSIの最後の計算は、これら３つの要素の平均を求めるだけだ。そこで、初期設定のパラメーターを使うと、次の公式が得られる。

　コナーズRSI（３、２、100）＝［RSI（終値、３）＋
　　　　　　　　RSI（連続、２）＋パーセントランク（100）］÷３

　結果として得られる指標は非常に強力で、３つの要素のどれを単独で使うよりも効果的だ。実のところ、３つの要素すべてを論理積で使うよりも、コナーズRSIを使うほうが有利なこともある。仕掛けや手仕舞いのシグナルに複数の指標を使うとき、私たちは通常、指標ごとに目標とする値を設定する。そして、すべての指標でその値を下回る

か上回ったときにのみ（論理積）、シグナルを有効とみなす。しかし、コナーズRSIは3つの指標の平均を用いるため、1つの指標の値が強ければ、別の指標の値がわずかに弱くてもそれを補う効果がある。これは簡単な例で示すことができる。

　AトレーダーとBトレーダーが、次の指標のそれぞれの値を売られ過ぎとみなすことに同意したと仮定しよう。

●RSI（終値、3）＜15
●RSI（連続、2）＜10
●パーセントランク（100）＜20

　Aトレーダーは3つの条件をすべて満たしたときにだけトレードをすると決める。

　Bトレーダーは仕掛けのシグナルにコナーズRSIを使うと決めて、（15＋10＋20）÷3＝15を上限の値とする。では、ある銘柄の今日の値が次のとおりだと仮定しよう。

●RSI（終値、3）＝10
●RSI（連続、2）＝8
●パーセントランク（100）＝21
●コナーズRSI＝（10＋8＋21）÷3＝13

　指標のうちの1つが仕掛けの条件を満たしていないため、Aトレーダーはトレードをしない。だが、Bトレーダーはトレードを実行する。パーセントランクの値は条件にわずかに届いていないが、条件を満たしているほかの2つの値がそれを補っているからだ。3つの指標はすべて、買われ過ぎ・売られ過ぎという同じ状況を異なる手法で測定しているので、この「多数決」手法を取るのは直観的に筋が通っている。

もっと重要なことだが、私たちのリサーチによると、コナーズRSIは私たちが検証したほかのどのモメンタム指標よりも優れていた。

コナーズRSIの完全なリポートの無料版を入手するには、https://tradingmarkets.com/ のメニューから、コナーズRSIのリンクをクリックしてほしい。

（本論文は、コナーズ・リサーチ社が2012年に発表した「コナーズRSI入門」から抜粋した）

■著者紹介
ローレンス・A・コナーズ（Laurence A. Connors）
資産運用会社のLCAキャピタルとマーケット調査会社であるコナーズ・リサーチのCEO（最高経営責任者）。投資業界で30年以上の経験があり、1995年以降に投資情報の提供会社のコナーズ・グループを含め、売上高数百万ドル規模の投資関連企業2社を築き、コナーズ・グループは2009年にアントレックス非上場企業指数から10大急成長私企業の1社に二度選ばれた。1982年にメリルリンチに入社し、後にDLJの副社長になった。彼の考えや洞察はウォール・ストリート・ジャーナル、ニューヨーク・タイムズ、バロンズ、ブルームバーグのテレビとラジオ、ブルームバーグ誌など、数多くのメディアに引用されている。著書には『魔術師リンダ・ラリーの短期売買入門』（リンダ・ブラッドフォード・ラシュキとの共著）、『コナーズの短期売買実践』『コナーズの短期売買入門』『コナーズの短期売買戦略』『高勝率システムの考え方と作り方と検証』『コナーズRSI入門』（いずれもパンローリング）などがある。

■監修者紹介
長岡半太郎（ながおか・はんたろう）
放送大学教養学部卒。放送大学大学院文化科学研究科（情報学）修了・修士（学術）。日米の銀行、CTA、ヘッジファンドなどを経て、現在は中堅運用会社勤務。全国通訳案内士、認定心理士。訳書、監修書多数。

■訳者紹介
山口雅裕（やまぐち・まさひろ）
早稲田大学政治経済学部卒業。外資系企業などを経て、現在は翻訳業。訳書に『フィボナッチトレーディング』『規律とトレンドフォロー売買法』『逆張りトレーダー』『システムトレード　基本と原則』『一芸を極めた裁量トレーダーの売買譜』『裁量トレーダーの心得　初心者編』『裁量トレーダーの心得　スイングトレード編』『コナーズの短期売買戦略』『続マーケットの魔術師』『アノマリー投資』『シュワッガーのマーケット教室』『ミネルヴィニの成長株投資法』『高勝率システムの考え方と作り方と検証』『コナーズRSI入門』『3％シグナル投資法』『成長株投資の神』『ゾーン　最終章』『とびきり良い会社をほどよい価格で買う方法』『株式トレード　基本と原則』（パンローリング）など。

2019年8月3日　初版第1刷発行

ウィザードブックシリーズ ㉘㊃

「恐怖で買って、強欲で売る」短期売買法
──人間の心理に基づいた永遠に機能する戦略

著　者	ローレンス・A・コナーズ
監修者	長岡半太郎
訳　者	山口雅裕
発行者	後藤康徳
発行所	パンローリング株式会社
	〒160-0023　東京都新宿区西新宿7-9-18　6階
	TEL 03-5386-7391　FAX 03-5386-7393
	http://www.panrolling.com/
	E-mail　info@panrolling.com
編　集	エフ・ジー・アイ（Factory of Gnomic Three Monkeys Investment）合資会社
装　丁	パンローリング装丁室
組　版	パンローリング制作室
印刷・製本	株式会社シナノ

ISBN978-4-7759-7253-3

ローレンス・A・コナーズ

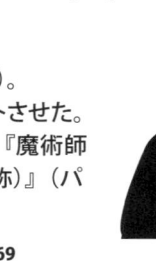

TradingMarkets.com の創設者兼 CEO（最高経営責任者）。
1982年、メリル・リンチからウォール街での経歴をスタートさせた。
著書には、リンダ・ブラッドフォード・ラシュキとの共著『魔術師
リンダ・ラリーの短期売買入門（ラリーはローレンスの愛称）』（パ
ンローリング）などがある。

ウィザードブックシリーズ 180

コナーズの短期売買実践

定価 本体7,800円+税　ISBN:9784775971475

短期売買とシステムトレーダーのバイブル！

自分だけの戦略や戦術を考えるうえでも、本書を読まないということは許されない。トレーディングのパターンをはじめ、デイトレード、マーケットタイミングなどに分かれて解説された本書は、儲けることが難しくなったと言われる現在でも十分通用するヒントや考え方、システムトレーダーとしてのあなたの琴線に触れる金言にあふれている。

ウィザードブックシリーズ 221

コナーズRSI入門

定価 本体7,800円+税　ISBN:9784775971895

勝率が80%に迫るオシレーター！

日本のトレーダーたちに圧倒的な支持を得続けている『魔術師リンダ・ラリーの短期売買入門』（パンローリング）の共著者であるローレンス・コナーズは、今なお新しい戦略やシステムやオシレーターを編み出すのに余念がない。また、それらをすぐに公開するトレーダーにとっての「救世主」である。

ウィザードブックシリーズ 1

魔術師リンダ・ラリーの短期売買入門

定価 本体28,000円+税　ISBN:9784939103032

ウィザードが語る必勝テクニック

日本のトレーディング業界に衝撃をもたらした一冊。リンダ・ラシュキとローレンス・コナーズによるこの本は、当時進行していたネット環境の発展と相まって、日本の多くの個人投資家とホームトレーダーたちに経済的な自由をもたらした。裁量で売買することがすべてだった時代に終わりを告げ、システムトレードという概念を日本にもたらしたのも、この本とこの著者2人による大きな功績だった。

ウィザードブックシリーズ 216

高勝率システムの考え方と作り方と検証

定価 本体7,800円+税　ISBN:9784775971833

あふれ出る新トレード戦略と新オシレーターとシステム開発の世界的権威！

新しいオシレーターであるコナーズRSIに基づくトレードなど、初心者のホームトレーダーにも理解しやすい戦略が満載されている。

ジャック・D・シュワッガー

現在、マサチューセッツ州にあるマーケット・ウィザーズ・ファンドとLLCの代表を務める。著書にはベストセラーとなった『マーケットの魔術師』『新マーケットの魔術師』『マーケットの魔術師[株式編]』（パンローリング）がある。
また、セミナーでの講演も精力的にこなしている。

ラリー・R・ウィリアムズ

ヘッジファンドマネジャーで、著作の発行部数からみておそらくこれまででもっとも読まれている商品先物関連の著者でもある。先物トレードのロビンズワールドカップ・チャンピオンシップでは12カ月たらずで、1万ドルを110万ドルに増やし、記録的な勝利を収めた。バロンズ誌、ウォール・ストリート・ジャーナル紙、フォーブス誌、フューチャーズ誌などで、その言動がもっとも引用されることが多いアドバイザーと言える。

10000%の男

ウィザードブックシリーズ 196

ラリー・ウィリアムズの
短期売買法【第2版】
投資で生き残るための普遍の真理

定価 本体7,800円+税　ISBN:9784775971604

短期システムトレーディングのバイブル！

読者からの要望の多かった改訂「第2版」が10数年の時を経て、全面新訳。直近10年のマーケットの変化をすべて織り込んだ増補版。日本のトレーディング業界に革命をもたらし、多くの日本人ウィザードを生み出した 教科書！

ウィザードブックシリーズ65

ラリー・ウィリアムズの
株式必勝法

定価 本体7,800円+税　ISBN:9784775970287

正しい時期に正しい株を買う

マーケットの底を予測するとき、10月が最重要視されるのはなぜだろうか？ 下1ケタが「2」か「3」で終わる年に、理想的な買いのチャンスが到来することが多いのはなぜだろうか？ こうした質問に対する答えが分かれば、株式市場の歴史的パターンを認識し、そのパターンを利用して利益を上げるために役立てられる。本書には、その答えが明確に書かれている。

ワイルダーのテクニカル分析入門

定価 本体4,800円+税　ISBN：9784775972465

あなたは、RSIやADXの本当の使い方を知っていますか？

RSI、ADX開発者自身による伝説の書！ ワイルダーの古典をついに完全邦訳。ワイルダーが考案した画期的な6つのシステム（パラボリック・タイム／プライス・システム、ボラティリティ・システム、ディレクショナル・ムーブメント・システム、トレンド・バランス・ポイント・システム、リアクション・トレンド・システム、スイング・インデックス・システム）を詳細に紹介！

マーケットのテクニカル分析

定価 本体5,800円+税　ISBN：9784775972267

トレード手法と売買指標の完全総合ガイド

初心者から上級者までのあらゆるレベルのトレーダーにとって有益な本書のテクニカル分析の解説を読むことで、チャートの基本的な初級から上級までの応用から最新のコンピューター技術と分析システムの最前線までを一気に知ることができるだろう。

トレンドフォロー大全

定価 本体7,800円+税　ISBN：9784775972434

なぜいつもトレンドフォロワーは最後に勝ってしまうのか？

最強の戦略！ ブームにもバブルにもパニックにも大暴落にも機能する戦略！ あなたの残りの人生をがらりと変える投資哲学の旅に出てみてはいかがだろうか。成功への道を保証してくれる人などだれもいない。しかし、マイケル・コベルは、真実を知ることができる赤い錠剤であなたを目覚めさせることを約束する。

ミネルヴィニの成長株投資法

定価 本体2,800円+税　ISBN：9784775971802

高い銘柄こそ次の急成長株！

本書で、ミネルヴィニは株式トレード法であるSEPAを公開する。慎重なリスク管理や自己分析と忍耐があれば、この手法でほぼすべての市場で信じられないようなリターンが得られる。彼は一貫して3桁のリターンを得るために、どうやって正確な買い場を選び、仕掛け、そして資金を守るかについて、詳しく分かりやすい言葉で説明している。